APRENDE
A
DESAYUNAR

RECETAS SALUDABLES PARA EMPEZAR EL DÍA CON ENERGÍA

Amat Editorial, sello editorial especializado en la publicación de temas que ayudan a que tu vida sea cada día mejor. Con más de 400 títulos en catálogo, ofrece respuestas y soluciones en las temáticas:

- Educación y familia.
- Alimentación y nutrición.
- Salud y bienestar.
- Desarrollo y superación personal.
- Amor y pareja.
- Deporte, fitness y tiempo libre.
- Mente, cuerpo y espíritu.

E-books:
Todos los títulos disponibles en formato digital están en todas las plataformas del mundo de distribución de e-books.

Manténgase informado:
Únase al grupo de personas interesadas en recibir, de forma totalmente gratuita, información periódica, newsletters de nuestras publicaciones y novedades a través del QR:

Dónde seguirnos:

 | @amateditorial

 | Amat Editorial

Nuestro servicio de atención al cliente:
Teléfono: **+34 934 109 793**

E-mail: **info@profiteditorial.com**

APRENDE

· A ·

DESAYUNAR

RECETAS SALUDABLES PARA EMPEZAR
EL DÍA CON ENERGÍA

· RAQUEL BERNÁCER ·

Amat
editorial

© Raquel Bernácer Martínez, 2019
Derechos gestionados a través de Ana Vidal – Agencia Literaria Infinia
© del Prólogo: Mikel López Iturriaga, 2019

Fotografías: Raquel Bernácer, excepto pp. 9, 10, 13, 14, 20, 23, 24, 25, 27, 32, 35,
36, 39, 58, 60, 63, 79, 81, 82, 101, 102, 119, 121, 122, 137, 139, 140, 143, 144, 147,
163, 166, 168, 170, 172, 175, 193, 194 y 212 (Shutterstock y Freepik).

© Profit Editorial I. S.L., 2019
Amat Editorial es un sello editorial de Profit Editorial I., S.L.
Travessera de Gràcia, 18-20, 6º 2ª; Barcelona - 08021
Diseño gráfico: Joan Moreno

ISBN: 978-84-17208-57-8
Depósito legal: B 5076-2019
Primera edición: Marzo 2019
Impresión: Gráficas Rey
Impreso en España - *Printed in Spain*

Índice

Este libro empezó como un proyecto de recetarios de desayunos para mi blog «Alimentarte». La idea de hacer algo más grande se vio pospuesta durante un año por problemas de salud, pero el apoyo y el ánimo de muchas personas me dieron las fuerzas para sentarme delante del ordenador a escribir. Por eso, quiero dar las gracias a mis padres, mis hermanos, mi cuñada y mis sobrinos, por ser un puntal importante en mi vida. También a Ana Vidal, de la agencia literaria Infinia, por su apoyo durante la redacción del libro y creer en mí, y a Mónica Campos, de Amat, por haber hecho un libro tan bonito. Otras gracias enormes a Mikel López Iturriaga, alias «El Gurú», por decir que sí al prólogo aun sin haber visto nada del libro. Gracias a Lex por animarme a convertirme en una «breakfast expert», a los Bobbys, los Gambiteros y los Pepinillos, por dejarme compartir con ellos tantas risas y momentos, sois los mejores amigos que se puede tener. No me olvido de quienes se han convertido en mi familia holandesa, gracias también a vosotros: a los BBQers por reportar las mejores noticias desde Kralingen News; a Lorena, por descubrirme la otra cara de Ámsterdam; a Tere, Sara y sus familias, por el apoyo durante los meses oscuros en Mordor; a Fede y Fer, por mantener el calor latino. Y a mi comunidad *online* y a tanta gente que seguro que me dejo porque todos habéis influido en mayor o menor medida en que este libro vea la luz. Y a ti, querido lector, solo puedo decirte gracias por leer y cocinar.

— **Raquel Bernácer**

■ PRÓLOGO POR MIKEL LÓPEZ ITURRIAGA

DESAYUNO: algo que deberíamos hacer muy bien y que solemos hacer rematadamente mal. No es la definición de la Real Academia, pero resume mi impresión sobre cómo (mal)tratamos en España la primera comida del día. El desayuno en este país nuestro, famoso en el mundo entero por sus hazañas gastronómicas, consiste demasiadas veces en un cruasán lacio, unas galletas o una tostada de pan industrial con mantequilla y mermelada, un café con leche y un triste zumo de naranja. Cámbiese en algunas zonas la tostada por un bocadillito de fiambre o queso, pero el panorama seguirá siendo igual de previsible y aburrido.

Los defensores de este modelo tan escuálido como mayoritariamente aceptado dirán que eso es lo que «entra» a primera hora. Cada uno come lo que le da la gana, pero tengo mis motivos para defender que otro desayuno es posible. Primero, por placer: recibir el día con una propuesta algo menos gris y más motivadora te pone en el buen camino para sobrellevar con alegría, o cuando menos con dignidad, lo que te depare la jornada. Segundo, por salud: puedes no desayunar nada y comer algo más tarde si quieres, pero si desayunas, ni la bollería, ni los cereales azucarados, ni las galletas, ni la mermelada ni el zumo de naranja son las mejores ideas desde una perspectiva nutricional. Y, por desgracia, son las más habituales.

Hay otras opciones más sanas a la vez que más disfrutonas, y aquí es donde entra en escena *Aprende a desayunar*. El libro de Raquel Bernácer va desmontando una por una las ideas preconcebidas que tenemos sobre el desayuno, y nos explica con claridad por qué no deberíamos dar por sentado que en él debe haber dulces procesados, zumos, lácteos azucarados o embutidos. Pero no se queda en señalar lo que hacemos mal, sino que propone alternativas sencillas, prácticas y, ¡oh, maravilla!, mil veces más apetecibles. Por si estás con el famoso «ya, pero yo no tengo tiempo» en la cabeza desde el preciso momento en que has empezado a leer esto, traigo buenas noticias: las recetas son rapidillas y, además, Bernácer ofrece consejos para organizarse y no andar corriendo a las 7.30 de la mañana.

Unas palabras finales sobre la autora: tranquilos, porque no encaja en absoluto en el estereotipo de persona pesada y regañona que tan injustamente se les suele adjudicar a los dietistas-nutricionistas cada vez que nos señalan que algo no es sano, como si fuera culpa suya que la ciencia bendiga los efectos de la verdura y condene los de los donuts. Conozco a Raquel desde hace años —ella y otras almas benévolas apoyaron desde sus inicios la web que dirijo, a través del legendario grupo de Facebook «Yo también soy una seguidora enfervorecida de El Comidista»—, y doy fe de que su manera de contar la nutrición es fresca, amable, entretenida y accesible para cualquiera. Sus recetas también son excelentes, y por eso es un honor para nosotros contar con ella entre nuestros colaboradores.

De hecho, yo mismo me podría definir ahora mismo como seguidor enfervorecido de Raquel Bernácer. Y estoy seguro de que después de leer este libro y poner en práctica sus enseñanzas, tú también querrás formar parte de ese club. ☙

INTRODUCCIÓN

Breve historia del desayuno

El desayuno está de moda. La primera comida del día ha tomado las redes sociales, las revistas de recetas y las de salud con defensores y detractores que se enfrentan armados de ingredientes extravagantes, nutrientes más o menos saludables y estudios científicos de mayor o menor rigor. Pero hablar del desayuno es mucho más que compartir unas bonitas fotos de tostadas con aguacate en Instagram. Detrás del desayuno no solo hay ingredientes y salud, sino un mundo lleno de historia, mitos y hábitos culturales.

La palabra «desayuno» proviene del latín *disieiunare* y significa «romper el ayuno». En algunas zonas de España se utiliza la palabra «almuerzo», del latín *admordere*, que significa «morder», para referirse a la primera comida del día.

Podríamos preguntarnos si el desayuno ha existido siempre desde una perspectiva histórica. Según Andrew Dalby, historiador y autor del libro *The breakfast book*, nuestro desayuno actual representa una especie de innovación si lo comparamos con los desayunos de los que tenemos registro histórico. Antes del siglo XX, los desayunos tenían lugar en torno al amanecer y eran consumidos por personas que iban a trabajar (y no precisamente sentados en una silla delante de un ordenador). En la actualidad nuestra actividad física antes de desayunar es más que cuestionable. Las rutinas matutinas se limitan, en la mayoría de nosotros, a levantarnos, asearnos y, como mucho, abrir la nevera para tomar el *brick* de leche y verterla sobre un bol de cereales azucarados. Los engullimos a toda velocidad y salimos de casa para empezar con las obligaciones del día, casi de forma automática.

¿Cómo hemos llegado hasta este hábito? ¿Qué se desayunaba hace cien, trescientos o tres mil años? Para saberlo, tenemos que indagar en los libros de Historia, documentos, literatura y libros de cocina. Muchos antropólogos manejan la hipótesis de que antes del Neolítico no existía el desayuno y el patrón alimentario consistía en una sola comida diaria. Ciertamente no es una hipótesis descabellada para una época en la que la alimentación dependía prácticamente de lo que se recolectaba y cazaba. Así, se hace difícil pensar que aquellas poblaciones paleolíticas dispusieran de alimentos listos para ser consumidos a la hora de levantarse. Además, los antropólogos no describen este tipo de comida en las poblaciones cazadoras-recolectoras actuales.

Por otro lado, si bien a primera hora de la mañana puede comerse cualquier cosa, es cierto que los alimentos del desayuno tienen una característica común: son alimentos fáciles de almacenar y preparar. Esto es así porque a primera hora de la mañana nadie tiene tiempo de ponerse a cocinar un estofado de ternera, ni siquiera en el Neolítico. La revolución que tuvo lugar en esa época nos trajo la ganadería y la agricultura. Con ellas, el almacenamiento de alimentos se hizo necesario y fue así como, posiblemente, empezásemos a desayunar pues se podía disponer de alimentos a primera hora del día con facilidad.

LA PALABRA «DESAYUNO» PROVIENE DEL LATÍN *DISIEIUNARE* Y SIGNIFICA «ROMPER EL AYUNO».

La historia del desarrollo de la Humanidad está ligada estrechamente al de la ganadería, la agricultura y el cultivo de cereales. Con la domesticación de los cereales se elaboraron las primeras gachas y panes y, gracias a la fermentación de estos, también las primeras cervezas. La presencia de los cereales (como grupo alimentario) en el desayuno debe entenderse de forma amplia. Su presencia en la primera comida del día se remonta al Neolítico, pero lo que se comía entonces (posiblemente granos enteros en forma de gachas) no tenía nada que ver con los cereales que se consumen actualmente, los cuales, en su mayoría, están demasiado azucarados, refinados y aportan cantidades nada despreciables de sodio.

Gracias a los textos que tenemos hoy día sobre las primeras civilizaciones, sabemos que, en Sumeria (en el sur de Mesopotamia), el desayuno tenía una connotación religiosa. Así, en los templos sumerios se servía una «primera comida» a los dioses llamada «gran comida de la mañana» a la que le seguían otras tres comidas diarias. Los hombres se bastaban con una pequeña comida por la mañana y una grande por la tarde. De hecho, el príncipe de la ciudad de Lagash, sobre el año 2100 a.C., mandó que se sirviese un desayuno a base de carne de buey y cordero, tortas de pan recién hecho, leche, cerveza y vino para inaugurar el templo que acababa de construir al dios Ningirsu. Seguro que puedes identificar algún alimento que aún forma parte de nuestro desayuno actual en ese desayuno sumerio (y no me refiero a la cerveza ni al vino).

En el Egipto de los faraones se hacía tres comidas al día, siendo el desayuno una de ellas. Los antiguos egipcios comenzaban el día «lavándose la boca» (que es lo que significa literalmente la palabra «desayuno» en egipcio) con pan mojado en vino. Además, existen diversas teorías que afirman que el *ful medames*, uno de los platos nacionales egipcios, formaba parte del desayuno en la época faraónica. Este plato, que aún se toma durante las primeras horas del día, está formado por habas cocidas lentamente durante varias horas servidas con un aliño de aceite de oliva, limón, ajo, cebolla y huevo cocido. Suele comerse con pan de pita y puede acompañarse con otras guarniciones, como tomate picado. Los expertos no terminan de ponerse de acuerdo respecto a la antigüedad de la receta, puesto que parece ser que el cultivo del haba y otras legumbres no era muy común en el Antiguo Egipto.

EN EL SIGLO XVI, LOS MÉDICOS DE EUROPA DESACONSEJABAN A LOS ADULTOS SANOS QUE DESAYUNARAN.

Tomar pan mojado en vino era una práctica que también realizaban los antiguos griegos para desayunar. Este hábito se extendió durante siglos en las diferentes culturas hasta casi la actualidad. Por ejemplo, el escritor, viajero y filólogo inglés George Borrow, describió en uno de sus libros de viajes por España (*The Bible in Spain*, 1836) un encuentro matutino con unos pescadores de Sanlúcar de Barrameda que pedían su pan con vino en la taberna en la que él pernoctaba.

De vuelta a la Grecia clásica, el famoso poeta Homero mencionaba en sus textos el *ariston* como una comida tomada no mucho después de que saliera el sol, la cual podría ser equivalente al desayuno. Plutarco, historiador griego, además de biógrafo, filósofo y moralista, declaró que «la gente toma el *ariston* allí donde están, de forma simple y sin demasiados problemas, utilizando lo que estaba disponible». Y es aquí donde encontramos la verdadera naturaleza del desayuno: una comida sencilla para comenzar el día con los alimentos que se tenían a mano.

En el caso de los romanos el desayuno (*ientaculum*) podía consistir en pan, queso, aceitunas, ensalada, nueces, pasas y carnes de la noche anterior. Según los recursos y la clase social, este podía incluir leche, huevos y *muslum*, una mezcla de vino y miel a la que se le podía añadir especias. Como en el caso de los sumerios, el desayuno romano también contiene alimentos que forman parte del desayuno actual, como la leche o los huevos. No olvidemos que estos son productos fáciles de almacenar y de preparar. Sin embargo, de nuevo encontramos vino como parte del desayuno, una práctica que hoy día no recomendaríamos por la relación que tiene el consumo de alcohol con numerosas enfermedades. Es interesante destacar que en ningún momento se han mencionado alimentos dulces en el desayuno (con excepción de la miel en algunos casos). Y es que la inclusión del sabor dulce en el desayuno no se popularizó hasta el siglo XVII. Aun así, y según el poeta romano Marcial (siglo I), el desayuno también podía incluir algo de repostería recién hecha, la cual solía estar dirigida a los niños, quienes también tomaban galletas y dulces. En el caso de los esclavos y las clases bajas romanas, el desayuno se ceñía a unas gachas de farro al que llamaban *pulmentum*. Como veremos más adelante, las gachas fueron una preparación muy habitual en el desayuno durante muchos siglos, sobre todo en las clases sociales más bajas.

No se disponen de muchos registros escritos desde la caída del Imperio romano hasta los inicios de la Edad Media y, de la poca información que se tiene, parece que se desaconsejaba comer cualquier alimento por la mañana. Así es y, aunque nos cueste creerlo hoy día, el desayuno ha tenido sus momentos de capa caída en la historia de la Humanidad. En la Edad Media, se desaprobaba la glotonería y los placeres de la carne, de forma que se impuso el ayuno como muestra de la moral del momento. Parece posible que, además, el consumo excesivo de cerveza y vino que se realizaba en el desayuno fuese una de las causas por las que se censurara la primera comida del día.

Aun así, el desayuno se permitía a las clases bajas (que solían ser las trabajadoras), niños, ancianos y enfermos, quienes completaban sus comidas diarias con unas gachas por la mañana. Por otro lado, los médicos de la Europa del siglo XVI desaconsejaban a los adultos sanos que desayunaran, ya que consideraban insalubre comer antes de que se hubiese completado la digestión de la comida anterior. Afortunadamente, la medicina y el conocimiento actual sobre el funcionamiento del cuerpo humano nada tienen que ver con el medieval y sabemos que esa recomendación no es más que un sinsentido.

En el siglo XVII ocurrió un hecho histórico que marcó para siempre el hábito del desayuno. Con el descubrimiento de América y el comercio a través de la ruta de las Indias, se terminó por implantar el consumo de numerosos alimentos desconocidos que hoy forman parte habitual de la alimentación de los europeos. Es el caso del café, el té y el chocolate. Estos tres alimentos, introducidos en forma de bebidas (azucaradas, por cierto), entraron a formar parte rápidamente de las costumbres europeas, lo que significó que el alcohol perdiese su estatus de bebida de elección para desayunar. Este abandono del vino y la cerveza como bebidas del desayuno hizo que la Iglesia permitiese de nuevo la primera comida del día para todos los niveles sociales. Durante esa época, el resto del desayuno cambió muy poco: huevos y carne para los ricos, gachas o pan para los pobres.

Con la llegada de la Revolución Industrial el desayuno se estableció como rutina alimentaria, puesto que los trabajadores, que realizaban turnos en las fábricas, precisaban de una comida antes de salir de casa para aguantar la larga jornada laboral. Durante esta época, la economía creció como no lo había hecho nunca, aumentando el poder adquisitivo de la población. Así, fueron cambiando los hábitos alimentarios y, con ellos, la forma de desayunar. Por ejemplo, el famoso desayuno inglés formado por huevos y beicon se estableció en Inglaterra alrededor de 1819 en la mayoría de los estratos sociales. Por otro lado, en el París de Brillat-Savarin, el célebre autor de *Fisiología del gusto* (1825), se almorzaba antes de las nueve con pan, queso, fruta y, alguna vez, pastel y fiambre [sic].

A finales del siglo XIX, nacieron dos productos que empezaron a formar parte de las mañanas de la sociedad occidental, hasta el día de hoy: los cereales de desayuno y la granola (que no deja de ser un tipo de cereal de desayuno). Si bien la granola quedó en su momento relegada a un segundo plano a nivel internacional, puesto que se expandió únicamente en países anglosajones, los cereales de desayuno se popularizaron tanto que llegaron a casi todos los confines de la Tierra. Los artífices de tal invasión «cerealística» fuero John Harvey Kellogg y su hermano, de quienes hablaremos con más detalle en el capítulo 3.

A partir del inicio del siglo XX, la cocina empieza a modernizarse, la mujer se incorpora al mundo laboral y el desayuno se convierte en una comida que debe hacerse rápidamente, tanto en términos de preparación como de consumo. En Estados Unidos y otros países anglosajones triunfan los cereales de desayuno, el pan de molde, la avena instantánea o las tortitas congeladas, además de aparatos modernos como cafeteras, tostadoras, frigoríficos u hornos que facilitan el trabajo en la cocina. En poco tiempo, estos alimentos y aparatos se extendieron por todo Occidente, llegando a formar parte de los hogares de miles de millones de personas.

CON LA LLEGADA DE LA REVOLUCIÓN INDUSTRIAL EL DESAYUNO SE ESTABLECIÓ COMO RUTINA ALIMENTARIA PARA AGUANTAR LA LARGA JORNADA LABORAL.

En la actualidad, nuestras despensas están invadidas con toda una retahíla de alimentos especialmente diseñados para el desayuno, pero la mayoría poco saludables: galletas, magdalenas, bollos en envases individuales, zumos, yogures bebibles, cereales de .desayuno, barritas de cereales… Todos ellos comparten esa característica que hacen tan particulares los alimentos destinados al desayuno: la conveniencia, es decir, son rápidos y fáciles de preparar y consumir. Sin embargo, hemos hipotecado nuestra salud por esa conveniencia, ya que otra característica que comparten es la elevada cantidad de azúcar y, en muchas ocasiones, grasas insanas y sal que aporta su consumo habitual.

Hablar del desayuno está de moda, pero es necesario que hablemos con conocimiento y le devolvamos a la primera comida del día el valor que merece. Querido lector, este libro pretende ser una herramienta para que, si eres de los que desayuna, puedas prescindir de esos alimentos tan poco recomendables y hacer del desayuno una comida fácil, placentera y saludable. Gracias por leer. ☙

EQUIVALENCIAS DE MEDIDAS CULINARIAS	
1 taza	*240 g*
½ taza	*120 g*
⅓ taza	*80 g*
¼ taza	*60 g*
1 cucharada sopera	*15 g*
½ cucharada sopera	*7,5 g*
1 cucharada de postre	*5 g*
½ cucharada de postre	*2,5 g*
Una pizca	*Cantidad de ingrediente que se puede coger entre el índice y el pulgar. Puede ser una pizca grande o pequeña.*

CAPÍTULO

~1~

Es recomendable desayunar

Si tienes este libro entre tus manos es porque consideras que tu desayuno es mejorable, o porque has oído que desayunar es bueno para la salud, pero no sabes por dónde empezar. También puede ser que tu desayuno se encuentre dentro de lo que se considera saludable, pero que necesites más ideas. Otra opción es que hayas escuchado que no hace falta desayunar y tienes curiosidad por saber si es cierto. Sea cual sea tu motivo, aquí tienes un libro dedicado a la primera comida del día que te ayudará a sacarte de dudas, derribar mitos y darte ideas para hacer de tu desayuno un momento agradable y delicioso.

▪ QUÉ ENTENDEMOS POR «DESAYUNO»

Llama la atención cómo un concepto tan arraigado en la cultura alimentaria tiene definiciones tan variadas. Si hacemos referencia a la etimología de la palabra «desayuno», es decir, «romper el ayuno», estaríamos hablando de la primera comida del día, la cual rompe el ayuno nocturno sin especificar el momento del día. Por su parte, la Real Academia de la Lengua Española tampoco se complica y define el desayuno como «la primera comida del día, generalmente ligera, que se toma por la mañana».

A pesar de que estas sencillas definiciones parecen las más lógicas y podrían funcionar para la mayoría de las personas, desde el punto de vista científico son deficientes y poco útiles. Si queremos conocer los efectos que tiene el desayuno sobre las funciones del cuerpo humano, necesitamos una definición clara que incluya los nutrientes necesarios, el tiempo o momento de su consumo y los componentes óptimos en términos de alimentos y bebidas. Sin una definición estándar es difícil obtener resultados consistentes en los estudios científicos.

En la literatura podemos encontrar diferentes definiciones de desayuno, como la de Timlin y Pereira, quienes lo definieron como «la primera comida del día que rompe el ayuno tras el periodo más largo de sueño, ingerida antes de que comiencen las tareas diarias, durante las dos primeras horas después de levantarse, normalmente no más tarde de las diez de la mañana, y con un nivel energético de entre un 20% y un 35% del total de la energía diaria necesaria». Betts y colaboradores hicieron otra definición algo más flexible: «El desayuno representa la primera comida consumida durante las dos horas posteriores al sueño más largo en cualquier periodo de 24 horas». Si bien en su definición no incluyen explícitamente la cantidad de energía que debería representar el desayuno, en su artículo «Is breakfast the most important meal of the day?» («¿Es el desayuno la comida más importante del día?») los autores proponen que 50 Kcal sería el límite energético inferior para considerar una ingesta que cumpla con su definición de desayuno.

El Comité Asesor de las Guías Dietéticas (CAGD) de Estados Unidos de 2010, propone esta definición básica: «El desayuno es la primera comida del día que rompe el ayuno tras el periodo más prolongado de sueño y es consumido entre las dos y tres horas después de despertarse; está formado por alimentos o bebidas de cualquier grupo de alimentos, y puede consumirse en cualquier lugar». De todas las definiciones presentadas, esta es la que más me gusta por los siguientes motivos:

- Es fiel al origen etimológico de la palabra «desayuno» («romper el ayuno»), con lo cual no es necesario que un desayuno se tome por la mañana. Pensemos, por ejemplo, en las personas que trabajan en turnos de noche, se acuestan a las ocho de la mañana y se levantan a las tres. Esa comida que hagan será su «des-ayuno».
- No implica tener que desayunar nada más levantarse, algo que muchas personas no pueden hacer porque no tienen apetito.
- No te obliga a consumir determinados grupos de alimentos.
- No te culpabiliza por no tener tiempo de desayunar en casa. Se puede hacer al llegar al trabajo o la escuela.

EXISTEN DOS PRINCIPALES BARRERAS QUE INFLUYEN EN LA CREACIÓN DEL HÁBITO DE UN BUEN DESAYUNO: LA FALTA DE TIEMPO Y LA MALA PLANIFICACIÓN.

■ ES RECOMENDABLE DESAYUNAR Y, ADEMÁS, HACERLO BIEN

Cuando nos levantamos por la mañana, tras haber dormido siete u ocho horas, nuestro cuerpo se encuentra en un estado metabólico denominado «ayuno nocturno». Hemos estado entre ocho y diez horas sin comer y nuestros niveles de glucosa (la principal fuente de energía del organismo) están bajos, por eso utilizamos nuestras reservas de grasa para mantener las funciones vitales. Esta situación puede alargarse más o menos en el tiempo, dependiendo del

apetito que se tenga por la mañana, pero llegará un momento en el que romperemos ese ayuno. Hay muchas personas que se levantan sin apetito por las mañanas, a pesar de las horas de ayuno nocturno y otras, la gran mayoría, hacen desayunos poco abundantes que no aportan más de un 16-18% de la energía diaria recomendada.

¿Por qué si hemos estado tantas horas sin comer nos levantamos sin apetito? Esta paradoja podría explicarse por varios motivos. Por un lado, una cena abundante, unida a un descenso del gasto energético de nuestro cuerpo durante el sueño ayuda a compensar ese ayuno nocturno. Por otro lado, el propio sueño inhibe el apetito hasta que despertamos por la mañana gracias a que hormonas como la leptina, la cual inhibe el apetito, están altas por la noche.

Esta falta de apetito al levantarnos, unida a la falta de tiempo hace que muchas personas se salten el desayuno. Saltarse el desayuno se ha vinculado con diversos inconvenientes, desde un menor rendimiento intelectual, pasando por un aumento del riesgo cardiovascular o de sobrepeso y obesidad. No es la intención de este libro hacer una tesis sobre la ciencia del desayuno, sino, como ya he comentado, ser una guía práctica para aquellos que desean desayunar y hacerlo bien. Sin embargo, sí me gustaría hacer una breve explicación de por qué, si bien no es obligatorio desayunar, sí es recomendable y, sobre todo, muy importante hacerlo con alimentos saludables.

Para empezar, el desayuno, como cualquier otra comida del día, es un buen momento para introducir alimentos saludables. De hecho, si pensamos en la cualidad principal que ha tenido el desayuno desde el inicio de los tiempos, es decir, que lo formen alimentos que sean fáciles de almacenar y preparar, nos daremos cuenta de que numerosos alimentos sanos cumplen con esa premisa: frutas, hortalizas crudas (o cocinadas), frutos secos, huevos, lácteos y derivados como yogures naturales o quesos poco procesados, pan integral, legumbres cocidas, conservas de pescado o sobras de carne blanca, por nombrar unos cuantos. Si tenemos en cuenta que alimentos como frutas, hortalizas, frutos secos o legumbres son muy poco consumidos por la población y poseen indudables beneficios para la salud, introducirlos en el desayuno puede resultar más que beneficioso.

Son muchas las sociedades científicas, organizaciones de salud o webs dedicadas a la nutrición que recomiendan desayunar como herramienta para la pérdida de peso. Este consejo se basa en la hipótesis de que las personas que no comen por la mañana tenderían a sentir más apetito a lo largo del día y podrían consumir una mayor cantidad de calorías en las horas posteriores, hacia la tarde-noche. Así, ese exceso de calorías sería almacenado en forma de grasa y favorecería el aumento de peso. Además, hay muchos estudios que han observado que las personas que no desayunan suelen tener mayor peso corporal, lo cual parecería apoyar la hipótesis de la que partimos. Sin embargo, y pese a los mensajes que se dan en los medios de comunicación, ningún estudio riguroso ha podido demostrar esta hipótesis. La realidad es que esta asociación es engañosa, puesto que cuando se indaga un poco más en ella vemos que esas personas que se saltan el desayuno lo hacen como medida para perder peso porque están obesas y, en general, tienen peores hábitos alimentarios y de estilo de vida.

Pero ¿hay algo más que no nos estemos preguntando y relacione el peso corporal con el hábito de desayunar? Para los científicos que estudian la crononutrición, posiblemente sí. La crononutrición es una ciencia muy nueva, tanto que los primeros estudios serios datan de principios del 2000. Se trata de una ciencia que se dedica a estudiar los ciclos biológicos relacionados con la nutrición y el metabolismo. Para entendernos, tanto la naturaleza como nosotros mismos nos regimos por ciclos. No hay que ser muy perspicaz para notar los ciclos de luz y oscuridad (día y noche), las estaciones del año o las fases de la luna. Nuestro organismo también se rige por ciclos, algunos más evidentes que otros, por ejemplo, los ciclos sueño/vigilia y alimentación/ayuno son los más notables, pero hay muchos otros que se dan en nuestro interior y de los que no somos conscientes, como, por ejemplo, los ciclos de la temperatura corporal o de hormonas como la insulina o la leptina.

Estos ciclos, que reciben el nombre de ciclos o ritmos «circadianos» porque ocurren en oscilaciones de unas 24 horas, están sincronizados por un «reloj» central en el núcleo supraquiasmático (NSQ) del hipotálamo, en nuestro cerebro. Además de este reloj central, tenemos otros relojes periféricos distribuidos por todo nuestro cuerpo. Para que nuestro sistema circadiano funcione correctamente, esos relojes individuales deben estar sincronizados entre ellos y con el medio externo. En la mayoría de los individuos, el NSQ se sincroniza con la hora solar gracias a las señales de luz que le llegan a través de la retina cuando amanece. Cuando el NSQ se ha sincronizado con la luz, lo hace con el resto de los relojes periféricos a través de señales enviadas por neuronas. Los ciclos hormonales, la temperatura corporal y los ciclos de ingesta/ayuno también sincronizan esos relojes. De hecho, muchos de esos relojes periféricos responden a los nutrientes que contienen las comidas y al momento del día en que se consumen, de forma que se coordina la regulación de las funciones digestivas y absortivas, así como la secreción de hormonas.

EL 69% DE LOS ESPAÑOLES DESAYUNAN SIEMPRE LO MISMO: CAFÉ CON LECHE, PAN BLANCO, ACEITE DE OLIVA Y FRUTA.

Numerosos estudios con animales de experimentación han demostrado que una ingesta de alimentos desincronizada con el ciclo sueño/vigilia ocasiona sobrepeso, obesidad y alteraciones metabólicas. Dicho de otro modo, los animales que comen cuando deberían estar durmiendo aumentan de peso con mayor facilidad que los animales que comen cuando es su momento de actividad, aun tomando dietas con las mismas calorías. Por otro lado, estudios recientes en humanos sugieren que saltarse el desayuno y trasladar la mayor parte del consumo de calorías a la noche puede desajustar los ritmos circadianos y, como resultado, perjudicar el metabolismo de la glucosa y el funcionamiento de las células beta, encargadas de secretar insulina en el páncreas. De hecho, se ha observado que acostumbrarse a unos horarios de comidas, un desayuno alto en energía y no comer durante las horas diseñadas para dormir favorece una pérdida de peso más eficiente, mejora de la sensibilidad a la insulina y reduce la acumulación grasa.

No cabe duda de que esta nueva área de la crononutrición es muy compleja y necesita aún mucha investigación, pero aun así, la American Heart Association (Asociación Americana del Corazón) emitió un informe en verano de 2017 acerca de las evidencias disponibles sobre del impacto que tienen las horas de las comidas, así como la frecuencia de estas en la salud. En sus conclusiones recomienda tomar la mayor parte de las calorías diarias durante la primera mitad del día para reducir el riesgo de diabetes tipo 2 y otras alteraciones del metabolismo, lo que se traduciría en hacer un buen desayuno y comida, y una cena ligera y temprana. Así pues, aquel refrán que dice «Desayuna como un rey, come como un príncipe y cena como un mendigo», puede que no ande muy desencaminado.

Pero todo esto que suena tan prometedor de nada sirve si desayunamos con alimentos pocos saludables. Tampoco sirve si somos sedentarios o el resto de nuestras comidas son desastrosas. La salud viene determinada por numerosos factores y si queremos beneficiarnos de los efectos positivos que puede tener el desayuno en nuestro organismo tendremos que prestar atención al tipo de alimentos que escogemos y a la cantidad que consumimos. Además, el desayuno no es la única comida del día con influencia en nuestra salud. La comida y la cena han de ser saludables también, y es recomendable que cuidemos otros factores como la actividad física, el estrés, el sueño y evitemos el consumo de alcohol y tabaco.

■ LA TRÍADA DEL DESAYUNO SALUDABLE: LÁCTEO-CEREAL-FRUTA

Numerosas guías alimentarias no solo recomiendan desayunar, sino también grupos de alimentos específicos, como si no hubiera otros aptos para el desayuno. Las razones por las que se aconsejan unos y no otros son variadas: desde intereses de salud pública, como aumentar el consumo de frutas, a intereses de grupos industriales que pueden verse beneficiados por incluir los alimentos que producen en este tipo de recomendaciones, como podrían ser los lácteos o los cereales de desayuno.

Si bien el resto de las comidas del día no tienen unas sugerencias de grupos de alimentos tan específicas, el desayuno tiene el «honor» de disponer de sus propios alimentos. Seguro que te suena eso de desayunar un lácteo, un cereal y una fruta. La tríada lácteo-cereal-fruta, aunque puede ser saludable cuando está bien planteada, es tan general y tan libre de interpretación que está llevando a muchas personas a hacer elecciones erróneas.

No cabe duda de que un modelo de desayuno estándar que identifique grupos o tipos de alimentos específicos resulta poco práctico. No todos los días comemos lo mismo, con lo cual, tampoco tiene sentido que desayunemos cada día igual. Además, la elección de alimentos depende de los gustos y preferencias individuales, de los hábitos y de la disponibilidad y accesibilidad a los mismos. Y no olvidemos que hay que tener en cuenta el coste, los objetivos individuales de salud y las tradiciones culturales. Así pues, la tríada lácteo-cereal-fruta no es más que un factor limitante a las infinitas posibilidades que nos puede brindar un desayuno saludable.

El problema que nos trae esta recomendación lo vemos traducido en combinaciones tan habituales, pero poco saludables o atractivas, como una barrita de cereales con un yogur de frutas y un zumo de naranja, o una rebanada de pan blanco con aceite, un café y un batido de frutas con leche. Obviamente se trata de desayunos que cumplen la famosa tríada, pero la cantidad de hidratos de carbono de absorción rápida que aportan sobrepasa con creces las recomendaciones internacionales.

Según el Ministerio de Agricultura, Pesca, Alimentación y Medio Ambiente, el 69% de los españoles desayunan siempre lo mismo: café con leche, pan blanco, aceite de oliva y fruta. ¿Encaja en la tríada del desayuno «saludable»? Absolutamente. ¿Sería lo más adecuado? Para nada. El pan blanco tiene poco interés a nivel nutricional, puesto que aporta principalmente hidratos de carbono refinados y el café con leche suele ir acompañado de uno o dos sobres de azúcar. Además, con la cantidad de alimentos saludables que existen, ceñirse a esta recomendación tan cerrada es perder una gran oportunidad para hacer nuestra alimentación más rica, variada y densa en nutrientes saludables.

Nada nos impide desayunar un tomate con aguacate o las sobras del pescado al horno de la noche anterior. La única barrera que nos lo impide es mental y cultural, puesto que nos han machacado durante el último siglo con la cantinela de los cereales con leche y la dichosa tríada del desayuno. Pero recordemos la característica principal de los alimentos que forman el desayuno: son fácilmente almacenables y sencillos de preparar. De nosotros depende que, además, los escojamos saludables.

■ EL DESAYUNO OCCIDENTAL NO ES SALUDABLE

En febrero de 2018 se publicó el informe «Estado de situación sobre el desayuno en España», referente al estudio ANIBES y publicado por la Fundación Española de Nutrición (FEN). Este estudio ha sido muy criticado por la falta de independencia, ya que ha sido financiado por una famosa compañía de refrescos y los resultados no dejan a estas bebidas en el peor lugar. Aun así, este informe es el único trabajo que tenemos en España sobre hábitos alimentarios en el desayuno que, además, incluye la valoración nutricional del mismo, así que lo iremos desgranando a lo largo del libro.

Según dicho informe, el 85% de la población desayuna de manera habitual, el 11% lo hace irregularmente y el 5% no suele desayunar. Esta comida se compone, en su mayoría para los adultos, de café, infusiones, azúcar, bollería y pastelería, pan blanco y chocolates. Así, a bote pronto y sin necesidad de hacer muchos cálculos nutricionales podemos decir que el desayuno es una comida rica en azúcares sencillos y grasas, además de ser muy justa en proteínas. Además, el informe nos dice que no llega al 20-25% del aporte energético recomendado. El perfil del desayuno infantil tampoco es que sea de lo mejorcito, puesto que es similar al del adulto, con excepción del consumo de café e infusiones, que no se dan en este grupo de población. Llama la atención que el desayuno descrito en el informe del estudio ANIBES difiera ligeramente con el que se ha referenciado más arriba, ese que constaba de café con leche, pan con aceite y fruta. El motivo de esta diferencia es desconocido, pero posiblemente se deba al método utilizado para conocer el desayuno de las personas estudiadas. En el informe del Ministerio se recogió la información a través de una encuesta telefónica, donde es más fácil mentir o dar respuestas consideradas social o políticamente correctas (en este caso, la tríada del desayuno café con leche-pan con aceite-fruta, que se considera muy mediterráneo y muy nuestro), mientras que en el ANIBES los individuos estudiados tenían que enviar fotos de lo que comían.

Pero ¿por qué desayunamos tan mal? Aparte del machaque constante de la publicidad sobre alimentos destinados al desayuno, existen varias barreras que influyen en la creación del hábito de un buen desayuno: falta de apetito por la mañana, la percepción de que no se dispone de muchas opciones fáciles y saludables para desayunar, la falta de tiempo y la mala planificación. Esto trae como consecuencia que vayamos a lo fácil y rápido. Si pensamos en el momento del día en el que se consume el desayuno, nadie tiene tiempo (y muchas veces ni apetito) para ponerse a cocinar un potaje, un asado o unos espaguetis. Recordemos que las antiguas culturas también iban a lo fácil y rápido, pero ellas basaban sus desayunos en alimentos como las gachas (que no dejan de ser una suerte de cereales hervidos en agua o leche), pan, queso, leche, frutas, huevos o carnes del día anterior.

El desayuno requiere de alimentos que sean fáciles de almacenar, rápidos de preparar y de consumir, de ahí que la conveniencia sea uno de los pilares que influya en lo que desayunamos. Así, es fácil de entender el éxito de alimentos como los cereales de desayuno, galletas, bollería, yogures o zumos. No solo son atractivos por el gran placer que proporcionan al paladar, sino que la facilidad con la que podemos consumirlos los convierte en la primera elección de muchas personas.

Hoy día, los alimentos diseñados para el desayuno que nos pone a nuestro alcance la industria se parecen más a los que encontraríamos en una fiesta. La gran confusión que existe alrededor de muchos productos, los mensajes contradictorios, las campañas publicitarias y todos los mitos que hay alrededor de este momento del día, influyen en que tomemos decisiones incorrectas. Con semejante panorama, el desayuno no es la comida más importante del día, sino ¡la más peligrosa!

■ EL DESAYUNO, ¿LA COMIDA MÁS IMPORTANTE DEL DÍA?

Oímos el mantra de que el desayuno es la comida más importante del día repetido constantemente en los medios, en conversaciones con amigos y en las colas del supermercado, pero ¿de qué importancia se habla exactamente? ¿Por qué nadie habla de la importancia de la cena o de la comida?

Desconocemos de dónde proviene tal afirmación, pero es posible que se remonte a principios del siglo XX, donde aparece reflejada en *La metamorfosis*, de Franz Kafka. En el relato queda patente que, para el padre de Gregorio Samsa, el pobre individuo que sufrió una monstruosa metamorfosis, el desayuno era la comida más importante del día y gustaba prolongarlo durante horas mientras leía diversos periódicos.

El valor o interés que pueda tener desayunar, es decir, su importancia, puede ser muy subjetivo. Si te levantas hambriento por la mañana y quieres ingerir algo rápidamente para saciar tu apetito, es posible que el desayuno sea tu comida más importante del día, puesto que es la más adecuada para ello (obviamente, no vas a esperar a la cena). Pero también puede tener un valor objetivo, puesto que tal y como hemos visto en este capítulo, el consumo del desayuno puede tener efectos en la sincronización de nuestros relojes internos, además de ser un momento interesante para introducir alimentos saludables. Así, su importancia puede estar relacionada con efectos sobre la salud a largo plazo. Sin embargo, no debemos olvidar que la salud no solo está afectada por una determinada comida al día, sino por la calidad de lo que ingerimos, la cantidad y el resto de las comidas que hacemos al día, además de la actividad física, el consumo de alcohol y tabaco, y factores como el sueño o el estrés.

HOY DÍA, LOS ALIMENTOS DISEÑADOS PARA EL DESAYUNO QUE NOS PONE A NUESTRO ALCANCE LA INDUSTRIA SE PARECEN MÁS A LOS QUE ENCONTRARÍAMOS EN UNA FIESTA.

Ciertamente, y a pesar de lo que nos indican los estudios sobre ritmos circadianos, diferenciar las comidas del día por su importancia es hacerle un flaco favor a nuestra alimentación. Aunque parezca ir en contra de este libro, prestarle excesiva atención al desayuno y despreciar el resto de las comidas del día no va a solucionar nuestros problemas de salud. El desayuno no es la comida más importante del día, puesto que todas las que se hacen tienen su relevancia y, en el caso del desayuno, su importancia hay que contextualizarla no solo en el resto de la alimentación diaria, al igual que haríamos con cualquier otra comida, sino en el contexto metabólico y en el de los hábitos del propio individuo. Así pues, la «importancia» del desayuno no sería la misma en un escolar, una mujer embarazada, un diabético, un trabajador de oficina o un deportista de élite que entrena seis horas diarias.

Los mensajes que se están dando acerca del desayuno son muy generales e inespecíficos. La recomendación de que «hay que desayunar» (porque «el desayuno es la comida más importante del día») suena como algo obligatorio, casi como un deber, pero en realidad, no llega a decir nada. Si queremos que la población se interese por un desayuno saludable, es preferible decir que es *recomendable* desayunar y es *importante* hacerlo de forma saludable, además de ofrecer las herramientas necesarias para llevarlo a cabo. Incluir en el desayuno alimentos poco saludables como bollería, repostería, galletería, lácteos azucarados, carnes procesadas o cereales refinados ricos en azúcar no contribuye a mejorar la salud, sino todo lo contrario, por mucho que concluyamos que es recomendable desayunar. Así pues, no «hay que desayunar» sin más. Lo que hay que hacer es alimentarse de forma saludable escogiendo alimentos y técnicas culinarias que favorezcan la salud en todas las comidas del día. ෆ

CAPÍTULO

~2~

Desayuna como un rey

Ahora que ya tenemos claro que es recomendable desayunar y hay que hacerlo saludablemente, veamos a qué nos referimos cuando hablamos de «saludablemente».

¿EXISTE EL DESAYUNO IDEAL?

Escribe en Google las palabras «desayuno ideal» y verás la cantidad de entradas que aparecen. A fecha de la revisión de este capítulo (Octubre de 2018), la búsqueda da más de 40,4 millones de resultados que hablan del «desayuno ideal» o el «desayuno perfecto», acompañados de la coletilla «para adelgazar», «para estar sano» o incluso «de los nutricionistas». Resulta decepcionante ver cómo todos se obcecan con la dichosa tríada lácteo-cereal-fruta, como si salirse de ella fuera a suponer el final de nuestra salud.

Centrar la «idealización» del desayuno en tres grupos de alimentos concretos no nos ayuda en nada a fomentar una alimentación saludable y variada. Por eso espero que, ante la pregunta que inicia este apartado y tras lo poco que llevas leído de este libro, hayas sido capaz de dar un *no* como respuesta. No existe el desayuno «ideal», al menos en términos de grupos de alimentos. Sin embargo, si tenemos en cuenta las peculiaridades de la sociedad en la que vivimos y los estilos de vida más o menos desastrosos de la población general (consumo de pocos vegetales, horarios laborales interminables, sedentarismo, abuso de alcohol y de alimentos altamente procesados o tabaquismo), se me ocurre que el desayuno «ideal» debería reunir las siguientes cualidades:

- **Ser fácil y rápido de preparar** (sobre todo entre semana).
- **Rico no solo en sabor, sino también en nutrientes saludables.**
- **Lo bastante saciante como para evitar picoteos malsanos hasta la hora de comer.**
- **Transportable** (si no se desayuna en casa).

Una vez tenemos estas cualidades en cuenta, podemos bajar al detalle en cuanto a qué alimentos se pueden incluir. A modo de mensaje general y para que se te vaya quedando grabado en la mente, puedes desayunar cualquier cosa que se salga de la famosa tríada del desayuno. Como bien dice Juan Revenga, dietista-nutricionista, gran divulgador y compañero de profesión, «si tu desayuno no se parece a lo que anuncian en la tele, es que es un buen desayuno».

■ ALIMENTOS Y NUTRIENTES

Dado que en este libro vamos a hablar continuamente de nutrientes y de los alimentos que los contienen, creo acertado que hagamos una pequeña revisión sobre el tema. Aprovecharemos la clásica organizaciónn de los alimentos en función de los nutrientes que aportan, aunque tiene el riesgo de que, al centrarse tanto en el nutriente principal, se obvien otros componentes interesantes que también están presentes. Por ejemplo, podría llegarse a la conclusión de que la pasta aporta únicamente hidratos de carbono por estar incluida en este grupo, cuando también contiene una cantidad interesante de proteína vegetal, además de fibra cuando se consume en su versión integral.

Así pues, es muy importante aclarar que la gran mayoría de los alimentos aportan más de un macronutriente. Aunque esto pueda resultar algo confuso para empezar, tiene la ventaja de que es una clasificación clásica bastante popular. A continuación, te explico cómo la llevamos a cabo.

■ ALIMENTOS QUE APORTAN HIDRATOS DE CARBONO COMPLEJOS (Y GRAN PARTE DE LA FIBRA ALIMENTARIA)

En nutrición siempre distinguimos entre los hidratos de carbono sencillos, a los que también se les conoce como «simples» o «de absorción rápida», y los complejos, también denominados «de absorción lenta».

Para explicarlo de manera fácil, los hidratos de carbono sencillos serían aquellos que llamamos comúnmente «azúcares» y aparecen en alimentos de sabor dulce (aunque también en alimentos procesados donde jamás te esperarías la presencia de azúcar). En la actualidad también se consideran las harinas refinadas como hidratos de carbono de absorción rápida, puesto que su metabolización se asemeja más a la de un azúcar.

> **«SI TU DESAYUNO NO SE PARECE A LO QUE ANUNCIAN EN LA TELE, ES QUE ES UN BUEN DESAYUNO».**
> ~ *Juan Revenga*

Ese es uno de los motivos por el cual se promociona el consumo de alimentos elaborados con harinas integrales de grano entero. Un abuso continuado de hidratos de carbono refinados puede alterar el metabolismo de la glucosa, favoreciendo la aparición de diabetes, sobrepeso y otras enfermedades metabólicas.

La Organización Mundial de la Salud (OMS) publicó una directriz en 2015 sobre la ingesta de azúcares para adultos y niños en la que ponía de manifiesto la preocupante ingesta de azúcares libres de la población, sobre todo en forma de bebidas azucaradas, y en la que se formularon recomendaciones sobre la ingesta de este tipo de azúcares para reducir el riesgo de contraer enfermedades no transmisibles en adultos y niños. Así, la directriz se centra particularmente en la prevención y control del aumento de peso y la caries dental, y aconseja que no más del 10% de la energía que consumimos provenga de los azúcares libres. Además, se menciona que reducir esa ingesta a menos de un 5% podría aportar beneficios adicionales.

Pero ¿qué son los azúcares libres? Los azúcares libres son aquellos añadidos por el fabricante, el cocinero o el consumidor, además de los presentes de forma natural en la miel, los jarabes o los siropes, los zumos de frutas y los concentrados de zumos de frutas, aunque sean naturales. Hablaremos más adelante de los motivos por los que se incluyen los zumos de frutas, la miel u otros alimentos dulces que, a priori, nos parecen saludables. Las frutas enteras serían la excepción a esta norma, puesto que, aunque aportan azúcares sencillos, estos se encuentran en una matriz que contiene agua, fibra alimentaria, vitaminas, minerales y otros fitonutrientes beneficiosos.

Según los resultados referentes al consumo de azúcares libres en la población española del estudio ANIBES, los niños y adolescentes son los mayores consumidores, con un 10,8% del consumo de la energía diaria. De hecho, los diez alimentos con más azúcares libres que se consumen son (por orden de mayor a menor consumo): refrescos azucarados, azúcar de mesa, pasteles, chocolate, yogur y leches fermentadas, otros productos lácteos, mermelada y similares, zumos y néctares, cereales de desayuno y barras de cereales, otros dulces y golosinas. Ahora vuelve a leer la lista anterior y cuenta cuántos alimentos de los que aparecen suelen formar parte del desayuno. Asusta, ¿no? Como ya dijimos en el primer capítulo, el desayuno actual no es la comida más importante del día, sino la más peligrosa.

Los hidratos de carbono complejos aparecen en alimentos enteros, sin refinar, como por ejemplo, tubérculos, legumbres, cereales y otros granos como el arroz o la quinua y la pasta integral, así como algunas hortalizas y raíces. Aunque muchos de estos ingredientes no formen parte habitual del paisaje matutino, pueden incluirse en el desayuno sin mayor problema.

Por ejemplo, el pan es uno de los alimentos omnipresentes en el desayuno. Sin embargo, la calidad nutricional de los panes actuales deja mucho que desear, pues están hechos con harinas refinadas y fermentaciones rápidas. Por eso es aconsejable, si se consume pan, escogerlo integral y asegurarse de que las harinas utilizadas son integrales de verdad. Además, siempre que sea posible y dependiendo de la variedad del pan, es interesante que se vea el grano y tenga una consistencia densa, pues será otro marcador del uso de harinas integrales enteras. Por eso es fundamental leer la etiqueta si se compra pan envasado o preguntar directamente al panadero cómo lo elabora.

El hecho de consumir alimentos que estén sin refinar, o muy poco refinados, está relacionado con una mejor salud cardiovascular y menor riesgo de diabetes y obesidad. La liberación lenta de los hidratos de carbono y la presencia de fibra y otros componentes que se mantienen en el grano entero se relacionan con estos beneficios. Nuestra alimentación es pobre en fibra, así que incluir estos alimentos es siempre interesante. En realidad, cualquier alimento de origen vegetal que esté sin refinar/ manipular en exceso aportará fibra alimentaria en mayor o menor proporción, además de vitaminas y minerales. Pero ¡atención!, que no te engañen: alimentos «con» harinas integrales, «con» salvado, «con» [pon aquí el ingrediente de moda] suelen llevar muy poca cantidad del ingrediente del que hacen gala, además de estar altamente procesados, incluir azúcar, grasas insanas y sal en exceso en la mayoría de los casos. Algunos ejemplos son biscotes, galletas, bollería o cereales de desayuno en su versión integral.

■ ALIMENTOS QUE APORTAN PROTEÍNAS

Incluir unos buenos niveles de proteínas es también interesante a la hora de diseñar un desayuno saludable. Los últimos estudios publicados acerca de saciedad y desayuno han mostrado que incluir proteínas de calidad por la mañana puede ayudar a prolongar la sensación de saciedad hasta la hora de comer. Así, y a pesar de que no hay un extenso consenso, cada vez son más los expertos que recomiendan aumentar el contenido de proteínas del desayuno. Pero cuidado, no se trata de consumir más cantidad de proteína, sino de distribuirla mejor a lo largo del día. Si se reduce la cantidad de alimentos proteicos en la comida y en la cena, se pueden aumentar en el desayuno.

¿Y de qué tipo de proteínas estamos hablando? Con el auge de las dietas vegetarianas son muchos los prejuicios que se están rompiendo acerca de la calidad de las proteínas vegetales. Aun así, es importante seguir hablando de ellas para que cada vez más personas entiendan que es posible aportar proteína de buena calidad con alimentos vegetales. Como la alimentación occidental es excesiva en proteínas de origen animal, fomentar el consumo de las vegetales en el desayuno puede ser una buena estrategia. Así, introducir legumbres como la soja y sus derivados, o garbanzos y lentejas, además de cereales como la quinua o el amaranto, frutos secos como los pistachos y semillas como las pipas de calabaza es una deliciosa manera de potenciar el consumo de proteínas vegetales de calidad. Es posible que no se te ocurra ninguna manera de introducir estos alimentos por la mañana. ¿Un potaje de lentejas para desayunar? Aunque solo tus barreras culturales te impedirían hacerlo, existe la posibilidad de ampliar el repertorio de alimentos de manera más acorde con lo que entendemos por desayuno en nuestra cultura. De hecho, esta es la misión de este libro: ayudarte a ampliar tu zona de confort y enseñarte que hay muchas más posibilidades para desayunar sano y rico.

Respecto a las proteínas de origen animal, tanto los huevos como los lácteos mínimamente procesados son excelentes opciones. La proteína del huevo es considerada la de mejor calidad por aportar todos los aminoácidos esenciales que necesita el organismo, además de hacerlo en las proporciones adecuadas. Es muy habitual escuchar que el jamón o el pavo son una excelente fuente proteica para desayunar, pero nada más lejos de la realidad. Lo veremos en detalle en el capítulo 6, pero te adelanto que los embutidos y fiambres no son los ideales como fuente proteica, en ninguna de las comidas diarias. Aportan grasas, azúcares (sí, también el embutido aporta azúcar) y sal en exceso. De hecho, la OMS declaró las carnes procesadas (entre las que se encuentran los embutidos) como carcinogénicos, por lo que cuanto menos se consuman, mejor. Fíjate en sus etiquetas y verás que, en su gran mayoría, denominan al producto «fiambre de [inserta aquí el animal en cuestión]», además de no utilizar las partes del animal de mayor calidad, ya que suelen ser un conglomerado de carne, gelatina, sal y grasa sin interés nutricional. Las etiquetas de estos productos son a menudo confusas, puesto que vienen adornadas con alegaciones del tipo «0% grasas», «sin gluten» o, incluso, «sin lactosa», además de ofrecer imágenes que evocan salud, como enseñar el embutido sobre un trozo de pan con tomate y lechuga, por ejemplo. Es descorazonador ver que el embutido, sobre todo el jamón y el pavo, está tan arraigado en la cultura del desayuno que muchas personas no saben qué ponerle al pan si se los quitas.

■ ALIMENTOS QUE APORTAN GRASAS

Como alimentos fuente de grasas saludables,
el aceite de oliva, el aguacate, los frutos secos
y las semillas son las opciones ganadoras.
Algunos ingredientes, como los lácteos enteros
mínimamente procesados (es decir, leche, yogur
natural y quesos frescos), el huevo o los pescados
azules, como el salmón o la caballa, combinan
dos nutrientes interesantes: grasas saludables y
proteínas de calidad.

Las grasas, que han estado injustamente demonizadas desde hace muchos años, son un
conjunto de nutrientes bastante complejo del que cada día aprendemos cosas nuevas.
No voy a entrar a explicar los diferentes tipos de grasas, sus efectos o dónde se encuentran
porque daría para otro libro. Lo que me interesa que aprendas es que las grasas son
importantes y deben tener cierto protagonismo en nuestra alimentación. Eso sí, han de ser,
cómo no, grasas de calidad.

Si bien no es recomendable excedernos en el consumo de grasas saturadas (presentes
en la grasa de origen animal), una alimentación donde las grasas predominantes
son las insaturadas del aceite de oliva, el aguacate, los frutos secos, las semillas y/o
los pescados azules, es una alimentación considerada saludable. Como excepción a
esta regla, podemos incluir los huevos y los lácteos enteros mínimamente procesados
(exceptuando los quesos grasos) dentro de alimentos saludables que aportan grasas
saturadas.

En el caso de los huevos no hay evidencias de que aumenten el colesterol y las personas
sanas pueden consumir hasta siete huevos a la semana. Respecto a los lácteos, hay
estudios que apuntan a que la grasa láctea puede tener ciertos beneficios sobre la
salud, pero no existe consenso al respecto. Por eso, las recomendaciones internacionales
consideran prudente el consumo de lácteos semi o desnatados para la población
general y, en casos específicos, los enteros. ¿Cuáles serían esos casos específicos? Pues
dependerán de la persona de la que estemos hablando, de su tipo de alimentación y
estilo de vida. Si eres una persona sana, físicamente activa, que basas tu alimentación
en los vegetales y te gustan la leche o los yogures enteros (recuerda, ¡sin azucarar!), así
como los quesos frescos, puedes consumirlos enteros en las raciones recomendadas
(uno o dos al día).

■ 10 CONSEJOS PARA DESAYUNAR DE FORMA SALUDABLE

Hemos visto al inicio de este capítulo cuáles son las características de un desayuno «ideal», no en cuanto a grupo de alimentos, algo que ya hemos dejado claro que no existe, sino en cuanto a funcionalidad: fácil y rápido de preparar, rico en sabor y nutrientes saludables, saciante y, para los que desayunan fuera de casa, transportable. Pero si queremos ir más allá y fomentar un desayuno saludable entre la población, tenemos que dar consejos mucho más prácticos. Para empezar, aquí te dejo diez consejos que te ayudarán a mejorar tu primera comida del día mientras continúas con la lectura del libro:

1. El desayuno empieza la noche anterior. Cenar temprano y ligero, además de irse a la cama pronto y dormir siete u ocho horas, favorece el descanso nocturno y que nos levantemos con el tiempo necesario para desayunar. Un buen desayuno pasa por levantarse descansado habiendo dormido las horas necesarias. Con que te pongas el despertador diez o quince minutos antes de lo habitual debería ser más que suficiente. Si, además, te dejas parte de tus rutinas organizadas la noche anterior, como la ropa que te vas a poner o la bolsa del gimnasio, ganarás mucho tiempo para dedicárselo a un buen desayuno.

2. Planificarse. Si quieres estirarle unos minutos más a la almohada, puedes dejar parte del desayuno hecho la noche anterior. A lo largo del libro vas a encontrar numerosos consejos para ahorrar tiempo y recetas que puedes dejar preparadas con antelación. Sin embargo, aquí tienes algunas ideas para empezar a poner en práctica ya mismo. Si preparas batidos de frutas, puedes congelar las porciones de fruta para una ración individual, ya peladas y listas para meter en la batidora. También puedes dejar macedonias hechas antes de irte a dormir siempre que las conserves en recipientes herméticos en la nevera y te asegures de poner algún cítrico exprimido para evitar la oxidación de las frutas. Los patés vegetales caseros aguantan perfectamente varios días en la nevera, como el hummus en todas sus variantes y puedes dejar avena en remojo por la noche para hacerte unas gachas o *porridge*. ¡Ah! Y recuerda que no hay nada más rápido que recalentar las sobras de la cena y desayunártelas, si te apetece, claro.

3. Desayuna cuando tengas apetito. Si bien hemos visto en el primer capítulo que es recomendable desayunar, no es algo que tenemos que hacer obligatoriamente al levantarnos. Recuerda que una de las funciones del desayuno es romper el ayuno nocturno y proveer al organismo con nutrientes esenciales y energía para empezar el día, pero no a todo el mundo le entra comida nada más levantarse. Si te cuesta desayunar a primera hora, o no tienes tiempo suficiente por la mañana, divide el desayuno en dos tomas, o prueba con raciones pequeñas. También ayuda a despertar el apetito empezar con todas tus rutinas de higiene diaria y dejar el desayuno para el final, antes de salir de casa. Así te das tiempo a despabilarte del todo. También puedes llevártelo de casa y tomarlo cuando te entre el apetito más adelante.

ESTA ES LA MISIÓN DE ESTE LIBRO: AYUDARTE A AMPLIAR TU ZONA DE CONFORT Y ENSEÑARTE QUE HAY MUCHAS MÁS POSIBILIDADES PARA DESAYUNAR SANO Y RICO.

4. Para los amantes del buen pan y las tostadas, **congelar tu pan favorito** ya cortado a rebanadas dentro de una bolsa de papel es ganar tiempo y dinero. Congélalo de forma que puedas separarlas fácilmente con un cuchillo y ponlo a descongelar en la tostadora. Aprovecha ese tiempo para seguir preparando el resto de los ingredientes de tu tostada, hacer café o té, o trocear una pieza de fruta.

5. **Proteínas matutinas.** Ya hemos comentado en este capítulo lo interesante que puede resultar aumentar el contenido de proteínas en el desayuno con el objetivo de favorecer la saciedad durante la mañana. ¿Cómo? Incluyendo huevos, legumbres, pescados en conserva, lácteos o frutos secos. Olvídate de los embutidos, que ya sabes que vienen cargados de grasa, sal y otras lindezas de las que conviene alejarse.

6. **El desayuno, que sea cargado… de fibra.** Cuanto más azúcar tenga tu desayuno, más fácil y rápido será de digerir, con lo que tendrás hambre antes. Si añades frutas y verduras, o escoges granos integrales (¿quién necesita cereales cargados de azúcar mientras haya avena, quinua, espelta, cuscús integral o chía?), frutos secos o incluso legumbres en forma de patés, estarás contribuyendo al aumento de fibra del desayuno, la cual ayudará a controlar el apetito mejor durante la mañana.

7. **Escucha a tu cuerpo.** Si te has pegado un festín la noche anterior y te levantas sin hambre, no pasa nada porque no desayunes o lo hagas más tarde. También puedes optar por hacer un desayuno más ligero, con algo de fruta entera o en batido, yogur o un simple café con leche. En definitiva, si te levantas con poco apetito, escoge lo que te resulte menos pesado, pero asegúrate de que te aporta nutrientes saludables.

8. Aprovecha el desayuno para completar el consumo diario de verduras y frutas.
Algo bueno de la tríada del desayuno es la inclusión de una pieza de fruta en su recomendación. Nunca estará de más promocionar el consumo de frutas y el desayuno es un buen momento para incluirlas. Desde piezas enteras a troceadas con yogur o en batido, las frutas por la mañana son una refrescante manera de empezar el día (dejo los zumos de fruta fuera, ya que tendremos un capítulo entero dedicado a ellos). La verdura también puede tener su momento a primera hora de la mañana. Algunas ideas pueden ir desde acompañar las tostadas o los sándwiches con rodajas de tomate, un puñado de hojas verdes (lechuga, rúcula, espinacas, canónigos), rodajas de pepino o tiras de pimiento asado hasta preparar unos champiñones salteados. Quizás esta última opción la puedes utilizar el fin de semana, que seguro que tienes más tiempo para darte un homenaje con un buen desayuno estilo inglés.

9. Sí, tienes derecho a **darte un homenaje durante el desayuno de vez en cuando.**
¿Cada cuánto? La verdad es que, si en tu concepto de «homenaje» entran el azúcar y las grasas de dudosa calidad, cuanto menos lo hagas, mejor. Recuerda que un homenaje no tiene por qué ser necesariamente un desayuno hipercalórico, hiperdulce e hipergrasiento. Puede ser simplemente un desayuno hiperelaborado con ingredientes hiperdiferentes, junto a alguien hiperespecial en un lugar hiperencantador.

10. Lo mejor del desayuno es que no hay reglas. Hay vida más allá de la tostada con aceite y el fin de semana es el mejor momento para experimentar con nuevas recetas. Lo importante es que lo disfrutes y te haga sentir bien.

■ LISTA DE ALIMENTOS QUE PUEDES INCLUIR EN EL DESAYUNO

A continuación, te dejo una especie de «lista de la compra» con alimentos que puedes incluir en el desayuno.

Frutas: Todas.

Frutas desecadas: Todas (pasas, dátiles, orejones, ciruelas, bayas tipo arándanos o frambuesas).

Verduras: Todas.

Cereales integrales y derivados: Cereales inflados integrales sin azúcar, avena y espelta en copos, pan integral, *crackers* integrales caseros o estilo «pan Wasa integral», granola casera (si la compras, busca la opción con menos azúcar añadido).

Legumbres: Garbanzos, lentejas, judías blancas, soja y sus derivados: tofu, soja texturizada, tempeh y bebida de soja.

Frutos secos: Nueces, pecanas, avellanas, almendras, anacardos, pistachos, cacahuetes, almendra molida.

Semillas: De calabaza, girasol, lino, chía, cáñamo, sésamo, amapola.

Lácteos: Leche (vaca, cabra, oveja), ricota/requesón, queso cottage, queso quark, quesos frescos, leches fermentadas sin azúcar (yogur entero natural, griego, kéfir, *skyr*...).

Huevos

Pescados: Salmón ahumado, atún, caballa, arenque, sardinas, además de cualquier pescado fresco.

Carnes: Pollo o pavo asados.

Aceites: De oliva, girasol, semillas, aguacate, frutos secos.

LÍQUIDOS

Agua

Café, té, infusiones

Bebidas vegetales (preferiblemente sin azúcar)

OTROS

Especias

Hierbas aromáticas

Cacao soluble puro

Chips o *nibs* de cacao puro

Coco rallado o en copos

¡A PRACTICAR!
....

Granola tradicional

He perdido la cuenta de las veces que he preparado esta receta de granola. La clara de huevo ayuda a que quede crujiente y el aceite de coco le da un aroma muy agradable a la mezcla final, aunque puedes prescindir de él y sustituirlo completamente por aceite de oliva.

INGREDIENTES:

4-6 PERSONAS

200 g de frutos secos variados crudos

200 g de avena en copos

2 cucharadas soperas de miel

1 clara de huevo

2 cucharadas soperas de aceite de oliva

2 cucharadas soperas de aceite de coco

2 cucharadas soperas de sésamo tostado

1 cucharada de postre de esencia de vainilla

Una pizca de sal

PREPARACIÓN:

· Precalentar el horno a 150 ºC.

· En un bol mezclar los frutos secos con la avena y el sésamo. Reservar.

· Poner en un cazo la miel, los aceites, la esencia de vainilla y una pizca de sal. Calentar y remover poco a poco hasta que se funda el aceite de coco y quede todo bien integrado, sin que llegue a hervir. Apagar el fuego y reservar.

· Batir la clara de huevo hasta que adquiera una consistencia espumosa, pero sin llegar al punto de nieve.

· Verter la mezcla de aceites y miel sobre los frutos secos y la avena. Mezclar todo bien y añadir la clara. Continuar removiendo hasta que quede todo bien integrado.

· Forrar una bandeja de horno con papel de hornear y añadir la granola cruda. Según el tamaño de la bandeja puede ser que se necesite hornear en dos tandas.

· Distribuir la granola uniformemente en la bandeja y hornearla entre 20 y 30 minutos. Revisar a mitad de tiempo cómo va la cocción y remover un poco la mezcla para que se hornee bien por todos los lados.

· Una vez pasado el tiempo, sacar del horno y pasarlo a una bandeja limpia para que se enfríe, mezclando bien todo de nuevo.

· Conservar en un recipiente hermético hasta 3-4 semanas.

Granola de chocolate y avellanas

La versión de granola para los amantes del chocolate. Asegúrate de utilizar un chocolate de calidad, con una proporción elevada de cacao y sin azúcar añadido.

INGREDIENTES:

10-12 RACIONES

200 g de avellanas, partidas en trozos

200 g de copos de avena

2 cucharadas soperas de miel

1,5 cucharadas soperas de cacao puro en polvo (sin azúcar)

4 onzas de chocolate 75% cacao

1 clara de huevo

4 cucharadas soperas de aceite de oliva

1 cucharada de postre de esencia de vainilla

Una pizca de sal

PREPARACIÓN:

• Precalentar el horno a 150 °C.

• Poner en un cazo el aceite de oliva, el de coco, la esencia de vainilla, la miel y las onzas de chocolate. Calentar a fuego medio hasta que todos los ingredientes se fundan, pero sin llegar a hervir. Remover y reservar.

• Batir la clara de huevo hasta que adquiera una consistencia espumosa, pero sin llegar al punto de nieve.

• Poner en un bol grande las avellanas, los copos de avena y el cacao en polvo. Añadir la mezcla de chocolate fundida y remover bien.

• Incorporar la clara batida y volver a remover hasta que quede todo bien integrado.

• Forrar una bandeja de horno con papel de hornear y añadir la granola cruda. Según el tamaño de la bandeja puede ser que se necesite hornear en dos tandas.

• Distribuir la granola uniformemente en la bandeja y hornearla entre 20 y 30 minutos. Revisar a mitad de tiempo cómo va la cocción y remover un poco la mezcla para que se hornee bien por todos los lados.

• Una vez pasado el tiempo, sacar del horno y pasarlo a una bandeja limpia para que se enfríe, mezclando bien todo de nuevo.

• Conservar en un recipiente hermético hasta 3-4 semanas.

Hummus tradicional

El hummus es una mezcla de garbanzos, tahina (crema de sésamo) y especias, muy típica de Oriente Medio. Es ideal para preparar tostadas, untar el pan de un bocadillo vegetal o llevárselo en un recipiente hermético con unas zanahorias al trabajo.

INGREDIENTES:

4-6 PERSONAS

250 g de garbanzos cocidos

1 cucharada de postre de tahina (pasta de sésamo)

El zumo de ½ limón

1 diente de ajo pequeño

1-2 cucharadas soperas de aceite de oliva virgen extra

1 cucharada de postre de comino en polvo

1 cucharada de postre de pimentón

⅓ cucharada de postre de sal

½ vasito de agua

PREPARACIÓN:

- Poner en el recipiente de la batidora los garbanzos, la tahina, el diente de ajo, el zumo de limón, el comino, el pimentón y la sal.

- Añadir la mitad del agua (¼ de vaso) y triturar con una batidora. Añadir el aceite de oliva y seguir triturando.

- Probar la consistencia y el sabor, y rectificar con un poco más de agua, sal y/o especias para obtener tanto la consistencia como el sabor deseado. A modo de pista, la consistencia debería ser la de una crema densa, pero sin grumos.

Hummus de alcachofa

Una vez dominas el arte de hacer hummus, puedes preparar tantas variantes como quieras y el de alcachofa es una de mis favoritas. Puedes utilizar alcachofas frescas y hervir los corazones en agua salada con limón, pero si consigues una buena alcachofa en conserva, te ahorrarás ese paso y podrás disfrutar de esta delicia durante todo el año.

 INGREDIENTES:

6-8 PERSONAS

250 g de garbanzos cocidos

8 corazones de alcachofa en conserva, bien escurridas

1 cucharada de postre de tahina (pasta de sésamo)

El zumo de ½ limón

1 diente de ajo pequeño

1 cucharada sopera de aceite de oliva virgen extra

⅓ cucharada de postre de sal

½ vasito de agua

 PREPARACIÓN:

· Poner en el recipiente de la batidora los garbanzos, los corazones de alcachofa, la tahina, el diente de ajo, el zumo de limón y la sal.

· Añadir la mitad del agua (¼ de vaso) y triturar con la batidora. Añadir el aceite de oliva y seguir triturando.

· Probar la consistencia y el sabor, y rectificar con un poco más de agua, sal y/o zumo de limón para obtener tanto la consistencia como el sabor deseado. A modo de pista, la consistencia debería ser la de una crema densa, pero sin grumos.

Dukkah

La dukkah *es una mezcla de frutos secos, hierbas aromáticas y especias típica de Egipto que da sabor a los platos. Sus aplicaciones van más allá de la tostada porque también se utiliza para aderezar carnes, pescados y vegetales. La ventaja de la* dukkah *es que puedes prepararla con los frutos secos y especias que tengas a mano. La combinación de esta receta es mi favorita, por color, sabor y aroma.*

 INGREDIENTES:

200 GRAMOS

½ taza de avellanas sin sal

½ taza de pistachos sin sal

2 cucharadas soperas de sésamo blanco

1 cucharada sopera de sésamo negro

1 cucharada sopera de semillas de cilantro

1 cucharada de postre de semillas de comino

1 cucharada de postre de hinojo

½ cucharada de postre de sal en escamas

 PREPARACIÓN:

- Calentar una sartén a fuego medio y tostar las avellanas y los pistachos, durante 2-3 minutos o hasta que empiecen a dorarse. Retirar y dejar enfriar.

- En la misma sartén, añadir las semillas de sésamo blanco y negro, de cilantro, comino e hinojo. Tostar durante 1-2 minutos, o hasta que las semillas empiecen a desprender su aroma. Retirar y dejar enfriar.

- En un mortero, combinar los frutos secos, las semillas y la sal, y machacar a mano hasta que quede una mezcla de pequeños trozos. También puede usarse el procesador de alimentos, pero hay que asegurarse de que no se trituren demasiado para que no quede una pasta.

- La *dukkah* puede guardarse en un recipiente hermético hasta un mes, preferiblemente en la nevera.

Mantequilla de cacahuete

Hacer cremas o mantequillas de frutos secos es muy fácil y una opción riquísima para desayunar. Aportan gran cantidad de energía y combinados con frutas o en boles de desayuno quedan deliciosas. Prueba a sustituir los cacahuetes por anacardos, avellanas, almendras o nueces para hacer distintas versiones.

 INGREDIENTES:

4 PERSONAS

200 g de cacahuetes crudos
(o ya tostados sin sal ni aceite)

1 ½ cucharadas soperas de
aceite de oliva

½ cucharadita de café de sal

 PREPARACIÓN:

- Si los cacahuetes están crudos, calentar el horno a 180 ºC. Tostarlos entre 10 y 15 minutos, removiéndolos de vez en cuando para que se doren por todos lados.

- Poner los cacahuetes en un robot de cocina o procesador de alimentos y triturar durante 1 minuto. Parar el robot y rascar las paredes del recipiente para recuperar lo que se vaya depositando.

- Repetir este paso hasta que la mezcla empiece a adquirir una consistencia cremosa.

- Añadir el aceite y la sal, volver a triturar otro minuto más y recuperar lo que quede en las paredes. Seguir repitiendo estos pasos hasta que la consistencia sea homogénea, untuosa y cremosa. Hay que tener paciencia porque tarda un poco en adquirir la textura deseada.

- Con la ayuda de una cuchara o espátula, recuperar toda la crema y ponerla en un recipiente hermético o en un bote de cristal.

- Puedes guardar en la nevera hasta 1 mes.

Coconella

Esta es una versión muy personal de los untables de cacao que se venden en los supermercados. Hacerlo en casa es muy fácil y encantará a los más pequeños. El sabor a coco es muy suave, pero si no eres muy fan de este ingrediente, puedes sustituirlo por leche entera o bebida de soja.

 INGREDIENTES:

10-12 RACIONES

250 g de anacardos crudos

100 ml de agua

60 ml de leche de coco para cocinar

2-3 cucharadas soperas de sirope de ágave

2-3 cucharadas soperas de cacao en polvo sin azúcar

 PREPARACIÓN:

· Calentar una sartén grande y tostar los anacardos, removiendo de vez en cuando para evitar que se quemen.

· Apagar el fuego y dejar que se enfríen.

· En un procesador de alimentos, triturar los anacardos hasta que formen una crema densa.

· Añadir la leche de coco, el agua, el sirope de ágave y el cacao. Triturar de nuevo hasta que todos los ingredientes queden bien mezclados.

· Probar y rectificar de dulce o cacao.

· Guardar en un recipiente hermético en la nevera hasta 1 mes.

Desmontando los cereales de desayuno

Como hemos visto en la introducción, el desayuno ha sido prácticamente salado desde el inicio de la Humanidad, y no es hasta el siglo XVII que adquiere su característica dulce.

Hasta el siglo XIV, las recetas culinarias con azúcar solían destinarse a los enfermos, ya que este ingrediente era considerado un producto farmacéutico. Pero a partir del siglo XV, el uso del azúcar se generalizó en la cocina francesa y pasó de ser un ingrediente de uso dietético a uno que contribuía al equilibrio del sabor de los platos. Se dejaron de azucarar carnes, aves, pescados y verduras para utilizar el azúcar combinado con café, té, fruta, huevos, cereales, pastelería y chocolate. Hacia el siglo XVII, esta tendencia no solo se instauró en las recetas culinarias, sino también en el momento en el que estas se servían, dejándose los platos dulces para el desayuno y la merienda.

De esta manera, podríamos decir que el desayuno dulce de hoy día es un invento relativamente moderno de los cocineros franceses. Con la llegada de la Revolución Industrial y la invención de los cereales de desayuno, la industria aprovechó un hábito instaurado desde hacía varios siglos para hacer negocio, generando una excesiva oferta de alimentos diseñados exclusivamente para el desayuno con niveles no menos excesivos de azúcar.
La satisfacción y el placer que proporciona el sabor dulce fue garantía de éxito para estos productos.

Los cereales con leche se han convertido en un icono del desayuno moderno. La infinita variedad de formatos, sabores y colores llenan los pasillos del supermercado, haciendo difícil a niños y adultos no caer en la trampa de sus cajas con estridentes diseños y promesas saludables. Además, hay que reconocer que los cereales con leche cumplen con una de las principales premisas para que un alimento se instaure en el desayuno: la conveniencia y rapidez de preparación.

Sin embargo, existen alternativas mejores y más saludables. Para empezar, es importante saber diferenciar entre los cereales de desayuno y los cereales como grupo alimentario. Incluir los cereales enteros (y sus derivados) como grupo alimentario en el desayuno puede ser una práctica saludable si los escogemos bien. Así, estaríamos hablando sobre todo de pan integral, copos de avena o espelta en forma de granola y gachas, además de cereales de desayuno sin azucarar, que los hay, aunque tenemos que encontrarlos. Además, nada te impide comer las sobras de un arroz con verduras, o de unos macarrones, además de innovar y preparar, por ejemplo, un cuscús integral con frutas y yogur para desayunar.

■ GACHAS, EL DESAYUNO DE LA HUMANIDAD HASTA EL SIGLO XIX

Los cereales han sido la base de la alimentación de muchas civilizaciones. Sin embargo, la falta de granos panificables de calidad y un acceso limitado a molinos y hornos facilitó la aceptación de las gachas como alimento básico, mucho antes de que lo fuera el pan. Y no es de extrañar, pues moler o machacar granos y ponerlos a hervir en agua hasta que se hidraten lo suficiente para poder ser ingeridos no tenía mucho misterio. De hecho, se han encontrado evidencias de que ya en el Paleolítico se molían granos de avena, posiblemente para mezclarlos con agua y cocerlos.

Las gachas son un plato sencillo que se prepara cociendo granos de cereales molidos o machacados hasta que se forma una masa más o menos densa. Las de avena son, quizás, las más populares por ser las habituales del mundo anglosajón, pero existen otras regiones del mundo con sus propias recetas de gachas.

Siempre han sido consideradas un plato humilde, de pobres y enfermos, al menos hasta la época victoriana, donde las gachas empezaron a formar parte de los desayunos de las «casas de bien» inglesas, junto con los huevos y el beicon.

Su versatilidad ha permitido que se preparen en versiones dulces y saladas. Por ejemplo, Catón el Viejo, un político, escritor y militar romano (s. II a.C.) que se dedicaba a la agricultura cuando no estaba de servicio militar, aportó una receta de gachas enriquecida con sémola, queso, miel y huevos, algo que podría considerarse un plato completo. En el mundo árabe se preparaban unas gachas de arroz, azúcar y almendras que se espolvoreaban tras la cocción con pistachos o granada.

El consumo de gachas se extendió rápidamente no solo en Europa, sino que Asia, África y América también tuvieron sus recetas desde la Antigüedad, la gran mayoría de ellas aún consumidas hoy en día. El *congee*, unas gachas a base de arroz servido con cacahuetes salados, vegetales, huevos o carne picada de cerdo, se ha consumido durante miles de años en China y hay registros de que su antecesor fueron unas gachas de mijo que ya se tomaban en el 2700 a.C. En Indonesia e India tienen platos similares, y en África se hacen gachas de maíz, de una consistencia variable, para desayunar. En Rusia y otros países del Este se preparan gachas de trigo sarraceno y en Norteamérica son habituales las de trigo. Las famosas gachas de avena o *porridge* se consumen de forma habitual en Gran Bretaña e Irlanda.

En realidad, preparar gachas no es muy difícil. La complejidad se traduce más en el tiempo necesario para cocinarlas, puesto que dependiendo del tipo de grano utilizado es posible que sea necesario dejarlas en remojo la noche anterior o utilizar cocciones muy largas.

Si bien las gachas pueden hacerse con cualquier cereal, la avena es el ingrediente más popular para elaborar esta preparación. Estos son los tres tipos principales de avena, con sus nombres en inglés entre paréntesis, ya que es muy posible que en algunos establecimientos se encuentren también con la denominación anglosajona:

- **Avena cortada** (*Steel-cut oats*): Este tipo de avena presenta el grano entero, pero cortado en varios trozos. Es la variedad que más tarda en cocinarse y es recomendable dejarla en remojo la noche anterior.

- **Avena en copos** (*Rolled oats*): Para su fabricación se someten los granos a vapor de agua y luego se aplastan hasta que quedan con forma de copo. Se cocinan con más rapidez que la avena cortada y absorben más líquido al cocerse. Suelen ser las que se utilizan también para preparar granola, barras de cereales o *muffins*.

- **Avena instantánea** (*Instant oats*): Visualmente se parece mucho a la avena en copos, pero está precocida, así que se prepara con mucha más rapidez que las variedades anteriores. El hecho de que esté precocida hace que fácilmente quede más pastosa.

Una vez escogido el tipo de avena, hay que pensar en qué tipo de líquido se va a cocinar. Agua o leche son, quizás, los más habituales, pero el uso de bebidas vegetales ha tomado una posición destacada en los últimos años. Para ello, hay que poner el líquido de elección (o una combinación de varios) en un cazo u olla del tamaño acorde a la cantidad de gachas a preparar, junto con la avena, y llevarlo a ebullición. Una vez comience a hervir, se baja el fuego y se remueve de vez en cuando para que no se pegue, cocinándola hasta que adquiera la textura deseada.

■ LA GRANOLA, PRECURSORA DE LOS CEREALES DE DESAYUNO

Hasta la aparición de la granola, el consumo de cereales en el desayuno se hacía en forma de gachas calientes, como acabamos de ver. La inclusión de cereales fríos en el desayuno comenzó con la invención de la *granula*, la primera versión de lo que hoy conocemos como granola.

La granula fue inventada en 1863 por el doctor James Caleb Jackson, un firme creyente de que la dieta podía tener efectos curativos y que, en el sanatorio que regentaba, promovió una alimentación vegetariana rica en alimentos sin procesar, lo que hoy día algunos llamarían *clean eating* («comer limpio»). Así, eliminó de su centro las carnes, las harinas procesadas, el alcohol, el café y el tabaco.

Para elaborar su granula, Jackson utilizó harina sin procesar, la cual incluía la fibra y el germen. Con ella elaboraba unos gránulos crujientes con el objetivo, según el propio doctor, de aliviar los desórdenes gastrointestinales que presentaban sus pacientes, ocasionados por una alimentación excesiva en carne y alimentos refinados. Si bien la granula tuvo relativo éxito durante su época, el hecho de que hubiese que dejarla en remojo en leche toda la noche para ablandarla, hizo que quedara en un segundo plano cuando, en 1894, aparecieron los copos de cereales y una versión renovada de la granula que no había que remojar.

Fue John Harvey Kellogg, un adventista del Séptimo Día, quien le copió la idea de la granula a Jackson y creó la granola. Tras una visita a su sanatorio, Kellogg desarrolló una nueva fórmula de cereales fríos de desayuno utilizando avena, trigo y maíz. El señor Kellogg no se rompió mucho la cabeza y llamó a su producto también «granula», lo que debió de mosquear bastante a Jackson porque le denunció y ganó. Pero Kellogg, sin seguir rompiéndose los cuernos, cambió la *u* por una *o* y así es como nació la «granola». Seguramente te suene el apellido de John Harvey, y es que sí, este señor Kellogg es el mismo Kellogg que inventó los famosos cereales de desayuno en copos y de quien hablaremos un poco más adelante.

Hoy día, la granola es una preparación que permite numerosas combinaciones de ingredientes, aunque básicamente se hace con copos de avena y frutos secos mezclados con un endulzante que suele ser miel, y a la que se pueden añadir otros ingredientes como semillas y frutas desecadas. Esa mezcla se hornea hasta que queda crujiente, se deja enfriar y se consume con leche, yogur, queso quark y otras preparaciones semilíquidas.

Pese a su combinación de ingredientes sanos, la granola industrial ha perdido su esencia de alimento saludable, puesto que suele esconder mucho azúcar. Este ingrediente, que puede añadirse en forma de sirope, miel o azúcar moreno, por ejemplo, no solo aporta dulzor, sino que al caramelizar hace que la granola quede mucho más crujiente y apetitosa cuando se hornea.

Por eso es muy, muy recomendable leer bien la etiqueta antes de lanzarse a comprar cualquier versión de este cereal de desayuno y escoger aquella que tenga menos cantidad de azúcar. Como orientación, una granola que aporte menos de 12 g de azúcar por cada 100 g puede ser considerada una buena opción, puesto que una ración de 30-40 g (lo que consideraríamos adecuado para un desayuno en el que se combina con leche o yogur), aportaría menos de 5 g de azúcar.

Si has hecho alguna de las recetas del capítulo anterior, seguro que ya tienes granola casera en casa. Como habrás visto, es muy fácil de hacer y admite muchas variaciones de ingredientes y sabores. En mis recetas verás que he sustituido gran parte de la miel por clara de huevo para que le dé esa textura crujiente. También se pueden añadir especias para potenciar su sabor sin necesidad de tener que aumentar el grado de dulzor.

■ CEREALES AZUCARADOS EN COPOS, UN POSTRE PARA DESAYUNAR

Contrariamente a lo que se piensa, los cereales de desayuno no se crearon por su conveniencia, sino por sus beneficios para la salud, aunque fue esa conveniencia la que los catapultó al éxito. Sí, cuesta creer que, visto el panorama actual, hubo un tiempo en el que los cereales de desayuno eran considerados saludables.

La historia está llena de descubrimientos accidentales y la invención de los cereales de desayuno no se salva de esta peculiaridad. Tal y como el historiador Andrew Dalby cuenta en su libro *The breakfast book*, corría el año 1894 cuando John Harvey Kellogg, el mismo que le copió a Jackson su granula, inventó los copos de cereales para desayunar. Su descubrimiento cambió para siempre el panorama del desayuno mundial y, teniendo en cuenta que John era un adventista del Séptimo Día, una corriente religiosa conocida por su fanatismo sobre la salud, seguro que está removiéndose en su tumba por el fatal y dulce destino que ha seguido su descubrimiento.

John Kellogg fundó el sanatorio de Battle Creek, un centro de salud destinado a la élite social del momento y para la que los copos de maíz se convertirían en el remedio curalotodo. Cuando John dejó desatendida una olla con trigo cocido, este se pasó de cocción y formo un engrudo difícil de consumir. Con la ayuda de su hermano Will, se les ocurrió pasar esa pasta de trigo por unos rodillos con el objetivo de obtener unas láminas de masa que pudieran ser útiles en alguna preparación. En lugar de obtener las láminas esperadas, la masa se secó quebrándose y dando lugar a unos copos que fueron un éxito rotundo en el sanatorio.

Así fue como los hermanos Kellogg empezaron a producir toda clase de cereales en copos con una técnica que lograron patentar a los dos años de su gran descubrimiento, aunque eso no les impidió que les salieran imitadores como setas. Contra los deseos de John, su hermano Will decidió añadir azúcar a los famosos Corn Flakes con el objetivo de potenciar las ventas del producto. Desgraciadamente, Will acertó con la estrategia y fundó su propia compañía, la Battle Creek Toasted Corn Flake Company, que terminó convirtiéndose en la compañía Kellogg que todos conocemos.

EL CONTENIDO DE AZÚCAR NO ES EL ÚNICO PROBLEMA DE LOS CEREALES. EL BAJO CONTENIDO EN FIBRA LOS HACE POCO SACIANTES.

Han pasado algunos años desde que los hermanos Kellogg iniciaran su andadura en el mundo de los cereales de desayuno y es indudable el impacto que tuvieron en nuestros hábitos, en el mercado y en la salud de las personas. Podríamos decir, sin ninguna duda, que prácticamente el 100% de los cereales de desayuno que encontramos en los lineales de un supermercado tradicional están azucarados. Sin embargo, la demanda de alimentos más saludables por parte de los consumidores está haciendo que encontremos productos como copos de avena en supermercados de barrio y otros cereales en copos sin azucarar, como los de espelta o los de trigo sarraceno.

El contenido de azúcar de la mayoría de los cereales de desayuno tradicionales sobrepasa las recomendaciones internacionales y nacionales de consumo de azúcar, de ahí que no sean la mejor opción alimentaria. Pero el contenido el azúcar no es el único problema de los cereales de desayuno. El bajo contenido en fibra, cuando se comparan con su versión «entera» o sin procesar, los hace poco saciantes, además de ir acompañados de sal. Por eso es tan importante leer las etiquetas de los envases que compramos.

■ RECOMENDACIONES PARA LAS PERSONAS QUE DESAYUNAN CEREALES CON LECHE

- **Escoger bien el cereal:** Lamentablemente, los cereales para desayuno sin azucarar no son fáciles de encontrar en los supermercados tradicionales. Para ello hay que acudir a un establecimiento especializado en alimentación saludable (tipo «eco» o «bio»), donde es posible encontrar espelta, arroz, trigo, quinoa y otros cereales o pseudocereales inflados o tostados en copos, a los que no se les ha añadido nada y que suelen conservar la fibra. Lee bien las etiquetas para asegurarte de que lo que estás comprando es cereal entero y nada más. Los copos de avena son una buena alternativa al cereal refinado azucarado. Actualmente están más disponibles en supermercados tradicionales, en comparación con los cereales que hemos comentado anteriormente. Se pueden preparar en forma de gachas o granola, admitiendo numerosas variantes, tanto dulces como saladas. En algunos establecimientos es posible encontrar también copos de otros cereales, como la espelta.

- **Sustituir parte de los cereales por frutos secos o semillas** puede ser una alternativa para aumentar la saciedad. No olvidemos que los frutos secos y las semillas son ricos en grasas insaturadas (las buenas) y fibra. Esta práctica incrementará el contenido de fibra y grasas saludables de nuestro tradicional bol de cereales con leche. Puedes alternar con las clásicas nueces o almendras, o con las «innovadoras» semillas de chía, lino o cáñamo. Con las semillas de chía, además, puedes elaborar deliciosos púdines con leche o bebida vegetal y combinarlos con frutas frescas.

- **Alterna la leche con yogur griego y otras leches fermentadas sin azucarar.** La ventaja de los yogures enteros sin azucarar y otras leches fermentadas es que aportan probióticos, es decir, bacterias vivas que resultan beneficiosas para el intestino. Además, suelen digerirse mejor y aportan mayor cantidad de proteínas y grasas que la leche, con lo que el grado de saciedad también será mayor. Respecto a las bebidas y los yogures vegetales, hay que recordar que no sustituyen a la leche desde el punto de vista nutricional. Por eso, es recomendable que las personas veganas o intolerantes a los lácteos escojan la bebida de soja enriquecida con calcio y vitamina D si quieren una bebida vegetal que se acerque lo máximo posible a la leche en términos nutricionales.

- **Añade fruta fresca madura o fruta desecada para endulzar.** Vale, reconozcamos que los cereales integrales sin azucarar pueden ser algo difíciles de comer, puesto que su sabor no es de lo más destacable. Pero esa dificultad está muy relacionada con la falta de hábito, la educación del paladar (que estaba acostumbrado a grandes dosis de azúcar y eso hace que su umbral de dulzor sea muy alto) y la combinación con otros ingredientes dulces. Puedes dar sabor a la leche triturándole una pieza de fruta madura, añadiéndola directamente a trozos en el yogur o con una cucharadita de cacao en polvo puro (recuerda, sin azúcar), canela o vainilla líquida.

- **Recuerda que los endulzantes del estilo miel y siropes (arce, agave, etc.) no dejan de ser azúcar en forma semilíquida.** Si bien pueden utilizarse con moderación cuando el resto de la receta es rica en alimentos «enteros», es importante utilizarlos con cuidado y no confiarse. Verás que en algunas de las recetas que te propongo aparecen algunos de estos endulzantes, pero la cantidad propuesta es la justa (según mi juicio, claro) para obtener un sabor equilibrado, pero dentro de unos estándares saludables. Siempre puedes reducir la cantidad, si así lo deseas, o no utilizarlos.

- **Usa especias y hierbas aromáticas frescas para dar sabor.** Como opciones para dar sabor, aparte de las frutas frescas y desecadas, tienes la canela y la vainilla (mejor en extracto o vaina que el azúcar avainillado, que en definitiva no deja de ser azúcar). Si eres más atrevido con las especias, tanto el cardamomo como el anís o el jengibre pueden darle un toque muy interesante a tus gachas, granolas y yogur. La menta fresca picada añade color y un refrescante sabor a las gachas y granolas con yogur.

¡A PRACTICAR!

Bol de chocolate crujiente

Esta es la versión para los amantes del chocolate sin adornos ni endulzantes.
Los nibs o chips de cacao provienen de las semillas del cacao tostadas, descascarilladas
y machacadas, así que no los confundas con las bolitas o chips de chocolate que
se venden para repostería.

 INGREDIENTES:

1 BOL

30-40 g de granola de chocolate
(ver receta en página 42)

125 g de yogur griego natural,
sin azúcar

1 cucharada de postre de chips
de cacao puro

½ cucharadita de cacao en polvo
desgrasado, sin azúcar

....

 PREPARACIÓN:

· Disponer el yogur en
  un bol y mezclar con el
  cacao en polvo.

· Añadir la granola
  y los *chips* de cacao.

Bol de granola tradicional con bebida de soja y frutas rojas

Las combinaciones que puedes hacer a la hora de preparar boles con granola son prácticamente infinitas. En este libro apuesto por combinaciones sencillas que no te lleven mucho tiempo, pero de ti depende inlcuir más ingredientes en tus boles de desayuno.

 INGREDIENTES:

1 BOL

30-40 g de granola tradicional (ver página 41)

150 ml de bebida de soja

150 g de frutas rojas (fresas, arándanos, frambuesas)

....

 PREPARACIÓN:

· Combinar todos los ingredientes en un bol y disfrutar con tranquilidad de su sabor y textura crujiente.

Gachas de avena con manzana y canela

Estas gachas se pueden dejar preparadas la noche anterior y terminar por la mañana, mientras acabas tus rituales de aseo. Para ello, déjalas en un recipiente con la leche en la nevera toda la noche. A la mañana siguiente dale un hervor y listo.

 INGREDIENTES:

4 PERSONAS

160 g de copos de avena

750 ml de leche (o bebida vegetal)

2 manzanas peladas cortadas a trozos

½ cucharada de postre de canela molida

 PREPARACIÓN:

- En un cazo, poner los copos de avena y la leche.

- Llevar a ebullición y dejar que hierva 1-2 minutos. Apagar el fuego y, cuando se haya enfriado, guardarlo en la nevera tapado toda la noche.

- A la mañana siguiente, incorporar la manzana a las gachas y calentarlas en un cazo o en el microondas.

- Añadir canela al gusto y servir.

Gachas al estilo campero

Un desayuno para aquellos que se levantan con gran apetito por la mañana o tienen
que realizar tareas físicas importantes durante las primeras horas del día.

INGREDIENTES:

4 PERSONAS

475 ml de agua o caldo de verduras

140 g de avena en copos

4 huevos frescos

1 puñado generoso de espinacas

1 aguacate, pelado y cortado a láminas

3-4 cucharadas soperas de pecorino
recién rallado

1 cucharada sopera de mantequilla

Aceite de oliva virgen extra, vinagre
blanco, sal y pimienta

PREPARACIÓN:

• Para preparar las gachas, derretir la mantequilla en
un cazo grande (u olla pequeña) y dorar la avena, removiendo
de vez en cuando para evitar que se queme.

• Añadir el agua o caldo y una pizca de sal. Cocer la avena
hasta que haya absorbido casi todo el líquido.

• Preparar el huevo poché:

Para ello, poner agua a calentar en un cazo.
Cuando empiece a hervir, bajar el fuego para que
el huevo hierva a fuego lento.

Tomar un bol pequeño y cubrirlo con un trozo de film
transparente, lo bastante grande como para poder cerrarlo
formando un saquito con el huevo crudo dentro.

Añadir 1 o 2 gotas de aceite de oliva y extenderlas por la
superficie del film. Cascar el huevo en el film transparente
y cerrarlo haciendo un saquito con el huevo dentro.

Cuando el agua esté hirviendo a fuego lento, introducir el
huevo y dejar que cueza unos 4 minutos. Retirar y cortar la
cocción poniendo el huevo en un bol con agua fría.

• Cuando la avena esté cocida, añadir las espinacas,
el pecorino y un chorrito de aceite. Remover, corregir
de sal si es necesario y apagar el fuego.

• Cuando las gachas estén tibias, servir 3 o 4 cucharadas
soperas en un bol, añadir el huevo, unas láminas de aguacate,
un pelín más de pecorino rallado, un chorrito de aceite
de oliva y pimienta recién molida.

Para preparar huevos poché con el método tradicional necesitas unos huevos muy frescos. Se preparan calentando agua
con una pizca de sal y un chorrito de vinagre en un cazo y una olla pequeños. Se casca el huevo en un bol pequeño y,
cuando el agua esté a punto de hervir, se hace un remolino con una cuchara y se vierte el huevo. Se deja que cueza durante
3-4 minutos, sin tocarlo y sin que el agua llegue a hervir nunca. Se saca con una espumadera y se deja en un plato con un
papel de cocina absorbente.

Gachas de miso

Estas gachas están inspiradas en las tradicionales gachas orientales y, aunque pueden pasar más bien por una comida, son realmente reconfortantes en una mañana de invierno. Puedes combinar diferentes toppings: tofu, huevo cocido, diferentes tipos de algas o arroz inflado para darle un toque crujiente.

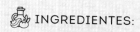 INGREDIENTES:

4 PERSONAS

750 ml de agua

140 g de avena en copos

150 g de salmón crudo previamente congelado

100 g de edamame (habas de soja) congelado

2 cucharadas soperas de miso

4 cucharadas soperas de aceite de oliva

½ cucharada de postre de aceite de sésamo

1 cucharada sopera de salsa de soja

Sésamo negro y algas para decorar

 PREPARACIÓN:

- Hervir el edamame siguiendo las instrucciones del fabricante. Reservar.

- Calentar el aceite de oliva en un cazo y dorar la avena removiendo de vez en cuando para evitar que se queme.

- Añadir el agua y cocer la avena hasta que haya absorbido casi todo el líquido.

- Disolver el miso en medio vasito de agua caliente y añadirlo a las gachas junto con la salsa de soja y el aceite de sésamo. Remover y servir inmediatamente en boles.

- Añadir el salmón, las algas y el sésamo negro por encima.

Pudin de chía con coco y frambuesas

Aquí va un pudin muy refrescante para dejar preparado la noche anterior y disfrutar las mañanas en las que se te pegan las sábanas. Simplemente añádele tus frutas favoritas y disfrútalo en casa o en el trabajo.

 INGREDIENTES:

4 PERSONAS

2 vasos de bebida de soja (u otra bebida vegetal)

1 vaso de frambuesas

6 cucharadas soperas de semillas de chía

2 cucharadas de postre de chips *de cacao puro*

Unas gotas de esencia de vainilla

Menta fresca y virutas de coco tostadas para decorar

 PREPARACIÓN:

- La noche antes, poner la chía en un recipiente y añadir la bebida de soja y unas gotas de esencia de vainilla. Remover bien para que se integren los ingredientes.

- Tapar con film transparente y dejar en la nevera hasta la mañana siguiente.

- Sacar el pudin de la nevera y remover bien con una cuchara para eliminar grumos.

- Repartir en vasitos o boles individuales y añadirle unas frambuesas, un poco de *chips* de cacao, virutas de coco y menta fresca.

Crumble de avena con pera y canela

Este desayuno es ideal para dejar preparado la noche anterior. Se puede calentar con un golpe de microondas al día siguiente o prepararlo un fin de semana de invierno. En temporada de fresas y frutos rojos, puedes utilizarlos en lugar de la pera.

INGREDIENTES:

4 PERSONAS

250 ml de leche o bebida vegetal

250 ml de agua

200 g de avena en copos

75 g de avellanas

2 peras conferencia, maduras

1 huevo

2 cucharadas soperas de miel

1 cucharada soperas de aceite de oliva

2 cucharadas de postre de extracto de vainilla

2 cucharadas de postre de canela molida

La ralladura de 1 limón

Una pizca de sal

PREPARACIÓN:

· Calentar el horno a 190 °C.

· En un bol, mezclar la leche, el agua, el aceite, el huevo, la miel y la vainilla.

· En otro bol, mezclar la avena, las avellanas partidas, la levadura química y la sal.

· Untar el fondo y las paredes de la fuente para hornear con aceite y rallar encima la piel de un limón.

· Pelar las peras y cortarlas en láminas de 1 cm más o menos. Disponerlas sobre el fondo de la fuente para hornear y cubrir con la mezcla de avena.

· Añadir la mezcla de leche y mover la fuente con suavidad para que el líquido se distribuya uniformemente.

· Hornear durante 40-45 minutos, hasta que la superficie esté dorada.

· Retirar del horno y dejar enfriar hasta que esté tibio.

· Esta receta se puede preparar el día anterior y dejarla en un recipiente hermético en la nevera. Al día siguiente solo tienes que calentar ligeramente en el microondas.

· Conservar en la nevera en un recipiente tapado hasta 5 días.

Hay vida más allá de la tostada con aceite

Permíteme que comience este capítulo recordándote que, según el Ministerio de Agricultura, Pesca, Alimentación y Medio Ambiente, el 69% de los españoles dice que desayuna café con leche, pan blanco, aceite de oliva y fruta. Si volvemos a la tríada del desayuno, no habría mucho problema si no fuera porque el pan que la mayoría de la gente come no es de buena calidad.

No hay nada de malo en desayunar una rebanada de buen pan con aceite de oliva de calidad, y es que desayunar «pan con cosas» estará tan bien como buenos sean los ingredientes que se utilicen, tanto desde el punto de vista nutricional como gastronómico. Y ojo que, si no eres de desayunar tostadas, tienes otras muchas opciones de desayunos saludables en el libro. Aun así, te recomiendo que te quedes en este capítulo, porque te aseguro que trae mucha miga.

■ BREVE HISTORIA DEL PAN

Pocos alimentos tienen tanta historia detrás como el pan. Fuente de energía para la Humanidad durante milenios, el pan ha adquirido connotaciones mágicas, religiosas y culturales. Nuestra cultura se ha desarrollado en torno a este alimento y resulta muy difícil retirar del imaginario colectivo eso de comer sin pan, sobre todo en las generaciones mayores. Y es que la magia del pan radica en que a partir de elementos muy simples es posible conseguir, gracias a la acción del calor, una masa crujiente por fuera y esponjosa por dentro, la cual se magnifica si la mezcla se deja fermentar.

Es posible que el pan sea el alimento más consumido en toda la historia de la Humanidad. Al entenderse como una fuente de energía fácil de transportar y almacenar (sobre todo sus materias primas: harina y agua), el pan se convirtió en la base de la alimentación de numerosas culturas. De hecho, los últimos estudios hablan de que los primeros panes planos se hornearon hace más de catorce mil años, pero no fue hasta hace seis mil cuando se empezaron a hornear panes fermentados. Obviamente, eran panes muy rudimentarios que nada tenían que ver con lo que tenemos ahora.

El pan comenzó siendo una mezcla de agua y grano más o menos molido hecho al calor de una piedra. Es lo que se conoce como «panes planos». Algunos de ellos han perdurado a lo largo de los siglos y los encontramos en el pan de pita turco, el *naan* indio, la tortilla mexicana o las arepas colombianas y venezolanas.

El pan fermentado fue «descubierto» por los egipcios de forma accidental, hace seis mil años. Se especula que fue un bol de gachas abandonado a su suerte durante unos días que, por la acción de las levaduras presentes en el aire, fermentó. Algún egipcio avispado debió de darse cuenta de que en aquellas gachas algo no iba bien, pues tenía burbujas en su superficie y se había expandido ligeramente. Cómo esas gachas pasaron al interior de un horno es un misterio.

El pan ha sido fundamental para otras grandes civilizaciones. En el caso de los romanos y los griegos, el pan era un símbolo de cultura, un elemento que caracterizaba a numerosas civilizaciones que no basaban su alimentación en la disponibilidad de recursos naturales, sino que eran capaces de elaborar y disponer por sí mismas de sus propios recursos, creando sus propias plantas y animales gracias a la agricultura y la ganadería. Para ellos, la capacidad de hacer pan era lo que diferenciaba al hombre civilizado del bárbaro.

Los panes antiguos se hacían con harina de granos que se habían molido manualmente. Con el avance de los tiempos, se pasó al uso de molinos activados por animales, esclavos o la fuerza del agua o del viento. La blancura del pan se ha considerado un símbolo de pureza y distinción desde la época griega y es algo que ha perdurado durante siglos. En la Edad Media se producía pan blanco para los más pudientes y pan moreno para la clase baja.

No fue hasta el siglo XVII que, gracias a las mejoras en el proceso de la molienda y el aumento de la renta per cápita, se generalizara el consumo de pan blanco y, a partir de ahí, con la Revolución Industrial, aparecieran las panaderías como las entendemos hoy día. En el siglo XX se llegó a una industrialización extrema del pan, reduciendo al mínimo el tiempo de producción y sustituyendo el proceso tradicional de desarrollo de la masa con levaduras por métodos químicos. Desafortunadamente, el resultado es un pan sin interés nutricional ni gastronómico, con un interior excesivamente blando, poca corteza y sin sabor.

Por suerte, hace ya años que se inició un movimiento para recuperar el pan tradicional, elaborado con fermentaciones largas, masa madre natural o incluso harinas completas de cereales antiguos. El oficio de panadero es un arte que la industrialización ha menospreciado y ha hecho que dejemos de darle al pan el valor cultural y gastronómico que se merece. El valor nutricional hay que contextualizarlo en el entorno y las condiciones con las que se ha elaborado ese pan: ¿se han respetado los tiempos de fermentación?, ¿qué tipo de harinas se han utilizado?, ¿son harinas integrales completas?, ¿se le añaden semillas o frutos secos a la masa? Estas son cuestiones que afectarán a la composición y el valor nutricional de la masa de pan.

▪ VALOR NUTRICIONAL DEL PAN

La mayor parte del pan que se vende hoy día tiene un nulo interés nutricional. Los panes que encontramos en los supermercados, gasolineras, tiendas de 24 horas y otros establecimientos del estilo son de mala calidad. Incluso los de algunas panaderías disfrazadas de tradicionales se convierten en auténticas masas chiclosas antes de que llegue la noche. Es el precio que pagamos por poder comprar pan barato a cualquier hora del día.

Encontrar una panadería donde hagan pan de verdad no es tarea fácil, pero puede resultar muy satisfactorio cuando se localiza una. Si tienes la suerte de tener una cerca de casa, podrás disfrutar de pan de calidad cuando quieras. De no ser así, tampoco es mala idea buscar alguna buena panadería en el trayecto al trabajo, la universidad o el colegio de los niños. Puedes comprar el pan que más te guste, que te lo corten y congelarlo en casa. Basta con sacar las rebanadas que necesites y meterlas directamente en la tostadora. Vale que no es lo mismo que un pan fresco, pero mejor eso que la barra de gasolinera.

La calidad nutricional del pan dependerá de las materias primas utilizadas y de su proceso de elaboración. Cuanto menos procesadas estén las harinas utilizadas, mucho mejor, puesto que el contenido de fibra, vitaminas y minerales será mayor que el del pan blanco, donde son prácticamente inexistentes. El uso de ingredientes extra como semillas y frutos secos incrementará el aporte de nutrientes y fibra, por eso pueden ser interesantes para alternar con otras variedades. Aun así, encontrar un buen pan integral en un establecimiento que no sea una panadería no es fácil. Muchos de los panes (y derivados, como biscotes, tostadas o *crackers*) dicen ser integrales cuando en realidad están hechos con harina refinada a la que se le ha añadido una pequeña porción de salvado o harina integral. Por eso es tan importante que, siempre que compres un pan o algo que se le asemeje en el supermercado, leas bien la lista de ingredientes, porque la del pan es bastante sencilla: si lleva algo más que harina integral, levadura, sal y/o semillas o frutos secos, no vamos bien.

Además de los ingredientes, el proceso de elaboración también puede afectar a la composición nutricional del pan y, aquí, la fermentación juega un papel crucial. El proceso de fermentación del pan ha ido evolucionando a lo largo de los tiempos. Desde que los egipcios «descubrieran» la fermentación del pan, hasta el siglo XIX, este se fermentaba con masa madre, la cual podía mantenerse durante años «alimentándola» únicamente con agua y harina. Así, se añadía una pequeña porción de esa masa madre a la masa del pan para hacer que la masa fermentara. Cuando se descubrió que ese proceso era ocasionado por los microorganismos que crecían en la masa madre, fue el momento en el que se «inventó» la levadura de panadero y, a partir de ahí, con la industrialización se sustituyó la fermentación con microorganismos por la fermentación química.

MUCHOS PANES DICEN SER INTEGRALES CUANDO EN REALIDAD ESTÁN HECHOS CON HARINA REFINADA A LA QUE SE LE HA AÑADIDO UNA PEQUEÑA PORCIÓN DE SALVADO O HARINA INTEGRAL.

El pan fermentado con masa madre tiene mayor disponibilidad de calcio, magnesio y hierro, puesto que los microorganismos son capaces de romper el ácido fítico presente en la harina (sobre todo en la integral), un compuesto que «secuestra» esos minerales y no deja que los absorbamos bien del todo. Por otro lado, las bacterias y levaduras presentes en la masa pueden producir, a partir de los hidratos de carbono de la harina, sustancias que contribuyen al volumen del pan, a la textura y al contenido de fibra. Es por ello que este tipo de pan puede ser interesante en las personas diabéticas, porque ese aumento de la fibra hace más lento el proceso de digestión del pan y no causa aumentos rápidos de glucosa en sangre como el pan blanco comercial convencional. De hecho, varios estudios han observado que el consumo de pan de masa madre ofrece una mejor respuesta de insulina y control de la glucemia que el pan blanco normal. Pero la cosa no queda aquí, hay más. Parece ser que la bajada de pH que se produce durante la fermentación con masa madre debilita el gluten, haciéndolo más susceptible de romperse. Así, y aunque aún hay pocos estudios al respecto y es pronto para hacer recomendaciones generales, este tipo de pan podría ser mejor tolerado por personas con intolerancia al gluten (que no celíacas).

Con todo esto, ¿quiere decir que hay que comer pan de masa madre para aumentar el hierro o el calcio de nuestra dieta, mejorar la digestibilidad, controlar el azúcar en sangre o la intolerancia al gluten? No, ni por asomo. Lo que quiere decir es que, si eres consumidor de pan, deja de una vez de ir a comprar pan a la gasolinera y búscate una panadería que te haga un buen pan y, si es de masa madre, mejor. Contribuirás al desarrollo económico de tu entorno, disfrutarás de un pan de un sabor excepcional y al menos será mucho mejor desde el punto de vista nutricional que eso que comprabas antes.

■ ¿CÓMO ESTAMOS CONSUMIENDO EL PAN?

La mayor parte del pan que se consume en España y países occidentales se hace con harinas refinadas. Además, lo solemos acompañar de ingredientes poco recomendables, como embutidos, patés o cremas de cacao azucaradas. Obviamente, que un domingo al mes desayunes tostadas de pan blanco con mantequilla y mermelada, o con jamón cocido, cuando el resto de tu alimentación es saludable, no va a repercutir negativamente en tu salud. El problema es que ni se consumen esos alimentos una vez al mes, ni el resto de la alimentación de la población general es saludable. Por eso poner atención tanto al tipo de pan que se consume, como a su acompañamiento, es crucial y adquiere especial relevancia en un entorno donde el sobrepeso, la obesidad y la diabetes están a la orden del día.

Nuestra sociedad consume suficientes cereales, sea en forma de pan, pasta o arroz. Lo que ocurre es que no los escoge de la calidad adecuada ni los acompaña con los ingredientes más recomendables. Además, venimos de una cultura fuertemente ligada al pan, lo cual hace que en muchas casas comer con pan sea casi una religión. Sin embargo, no hace falta comer y cenar con pan, ni es recomendable hacer de forma habitual una de las comidas principales a base de bocadillos, ni que los niños merienden siempre de bocata, ni que desayunemos siempre tostadas. Sobre todo, porque ya hemos visto que la calidad de esas combinaciones suele ser nefasta. Si te ves en la tesitura de tener que comer de bocadillo, procura hacértelo tú con pan bueno e ingredientes saludables. Muchas de las

recetas de este capítulo pueden transformarse en deliciosos y saludables bocadillos para esos días en los que es complicado sentarse a la mesa delante de un plato caliente.

Así las cosas, tampoco es una gran idea fomentar el consumo de pan de buenas a primeras. Por un lado, ya sabemos que el pan que se consume no es de calidad y, por otro, hay otros alimentos que sí requieren de un buen empujón en nuestra alimentación, como las legumbres, las frutas o las hortalizas. Aun así, y teniendo en cuenta lo arraigado que está el consumo de pan en nuestra cultura, puede ser más beneficioso decirle a alguien que sustituya el pan blanco por un pan integral, hecho con harinas completas, o pan hecho con masa madre, que decirle que deje de consumirlo. Una vez conseguido esto, la siguiente fase es animarle a que lo acompañe de esos alimentos saludables que hay que potenciar.

La clave es que, si comemos pan, lo escojamos bien y podamos utilizarlo como vehículo para introducir ingredientes saludables.

■ EL PAN EN EL DESAYUNO

Si recordamos las cualidades que habíamos definido al inicio del libro para un desayuno «ideal», la facilidad y rapidez de preparación, que sea rico en sabor y nutrientes, además de saciante y transportable (en caso de llevárnoslo al trabajo o la escuela) eran puntos fundamentales. Así, desayunar con pan puede resultar muy conveniente y práctico si escogemos los ingredientes adecuados, porque se prepara con rapidez e, incluso, podemos hacernos sándwiches o bocadillos para llevar y consumir más tarde.

Conservar pan es sencillo, simplemente guárdalo en una panera o dentro de una bolsa de papel poroso. También lo puedes dejar en la encimera de la cocina, con la superficie cortada sobre una tabla limpia y aguantará uno o dos días. Los panes de masa madre pueden durar algunos días más. Es aconsejable evitar conservar el pan a temperatura ambiente dentro de una bolsa de plástico porque favorece el crecimiento de mohos. Para conservarlo más tiempo, lo mejor es congelarlo envuelto en una bolsa de plástico o papel, evitando al máximo que quede aire dentro de la bolsa. Es mucho mejor congelarlo que guardarlo en el frigorífico, ya que ahí la textura del pan se endurece. Para descongelarlo, basta con sacarlo a temperatura ambiente o ponerlo en el horno a 120 °C. El tiempo en el horno dependerá del tamaño del pan. Sin embargo, la opción más práctica, al menos para mí, es la de congelarlo cortado y descongelar en la tostadora las rebanadas que me vaya a comer.

Con todo lo comentado hasta ahora, deberías ser capaz de tomar una decisión acerca del tipo de pan más apropiado para tu salud y paladar. Para ayudarte en tu decisión, en general, podríamos utilizar tres tipos de panes:

- Integrales.
- De masa madre (blanco o integral).
- *Crackers* (también integrales o con semillas).

Obviamente, podemos utilizar otros tipos de panes, como tortillas mexicanas o pan de pita, pero normalmente los compramos ya hechos y la calidad de las harinas no suele ser la mejor. Eso no quiere decir que, si un día has celebrado una cena mexicana en casa y te han sobrado tortillas, no puedas hacerte a la mañana siguiente un burrito con aguacate, tomate, huevo cocido y rúcula para desayunar. Es más, deberías hacerlo porque está riquísimo.

■ TOSTADAS Y BOCATAS SALUDABLES: CONSEJOS Y RECOMENDACIONES

Los principios para preparar tostadas, sándwiches y bocadillos saludables son muy simples. Dado que el pan será el alimento que aporte los hidratos de carbono y la fibra si este es integral, podemos pensar en otros alimentos que nos aporten proteínas, grasas saludables y algún extra de fibra, además de vitaminas y minerales.

Disponer de estos alimentos en nuestra nevera y despensa nos facilitará mucho la elaboración de esas tostadas o sándwiches. Las combinaciones posibles son prácticamente infinitas y aquí se trata de que descubras tres o cuatro mezclas que te gusten y sean fáciles de preparar para, así, asegurarte de que siempre tienes los ingredientes a mano.

Como este libro va de hacerte las cosas más fáciles en el desayuno, aquí te dejo una tabla que te puede servir para hacer numerosas combinaciones de tostadas muy ricas y sanas. Simplemente escoge los alimentos que más te atraigan de cada columna y combínalos para hacer tu tostada o bocata preferido. Una nota sobre las frutas y verduras crudas: en la lista incluyo las que quedan mejor por su consistencia, humedad y resultado sobre una rebanada de pan, pero nada te impide ponerle melón o sandía a tu tostada con queso fresco, o palitos de zanahoria al bocata de hummus. ¿Crees que falta algún ingrediente? ¡Anótalo en la lista para que no se te olvide!

¡A PRACTICAR!
....

TIPO DE PAN	PARA DARLE JUGOSIDAD	PROTEÍNA VEGETAL
Pan de masa madre Pan integral (de trigo, centeno, cebada, espelta, semillas…) Crackers o biscotes integrales (de trigo, centeno, cebada, espelta, semillas…)	Aceite de oliva virgen extra Aguacate Tomate untado o rallado Hummus Crema de frutos secos o semillas	Frutos secos, enteros o en forma de crema Legumbres, enteras o en forma de hummus Tofu Tempeh Seitán Semillas en forma de crema o paté

PROTEÍNA ANIMAL	VEGETALES	FRUTAS
Huevos Queso fresco, queso quark Queso tipo cottage Requesón o ricota Queso semicurado (ocasional) Pescado en conserva (atún, caballa, sardinas) Salmón ahumado (y otros pescados) Restos de pollo o pavo asado, pescado	Hojas verdes (rúcula, canónigos, escarola, lechuga) Tomate Rabanitos Pepino Pimiento Germinados Remolacha Verduras asadas Hierbas aromáticas (albahaca, tomillo, orégano, perejil, cilantro…) Especias (pimienta, curry, cúrcuma, canela, comino…)	Plátano Manzana Fresas, arándanos Pera Granada Melocotón Frutas desecadas (dátiles, pasas, orejones…)

Tostada de pan de centeno, aguacate y dukkah

Preparar esta sencilla tostada es fácil y rápido. Si no tienes dukkah *puedes ponerle frutos secos picados o unas semillas de lino o de cáñamo.*

 INGREDIENTES:

2 TOSTADAS

2 rebanadas de pan de centeno

2 cucharadas soperas de dukkah *(ver receta en página 49)*

½ aguacate maduro

Un chorrito de aceite de oliva virgen extra

....

 PREPARACIÓN:

- Calentar la tostada en la tostadora si está congelada o se prefiere el pan algo crujiente.

- Untar el aguacate en el pan. Añadir una cucharada sopera de *dukkah* y un chorrito de aceite de oliva virgen extra por encima.

Pan de masa madre con hummus tradicional y setas salteadas

Tener hummus en la nevera te salva de más de una mañana en la que se te han pegado las sábanas. Si tienes restos de verduras de la cena anterior, el resultado es rápido, delicioso y nutritivo.

 INGREDIENTES:

2 TOSTADAS

2 rebanadas de pan de masa madre

2 cucharadas soperas de hummus

3-4 setas variadas cortadas

Sal en escamas al gusto

Aceite de oliva virgen extra al gusto

Perejil picado (opcional)

 PREPARACIÓN:

· Calentar un chorrito de aceite de oliva en la sartén y saltear las setas con una pizca de sal. Si usas sobras, puedes calentarlas con un golpe de microondas.

· Untar el pan con el hummus, añadir las setas por encima y unas escamas de sal. Decorar con un poco de perejil picado y servir.

Crackers de semillas

Estas crackers de semillas se preparan rápidamente, aguantan bien varios días en un recipiente hermético y son una alternativa estupenda a la típica rebanada de pan. En esta receta las cantidades se dan en tazas, puesto que lo importante es mantener las proporciones de los ingredientes. Si no tienes tazas medidoras de cocina, puedes utilizar un vaso mediano de agua. Puedes preparar diferentes versiones añadiendo hierbas aromáticas, especias, queso rallado, aceitunas picadas…

 INGREDIENTES:

12 RACIONES

3,5 tazas de harina de espelta

2 tazas de agua

1 taza de semillas de lino

1 taza de semillas de sésamo

1 taza de semillas de girasol

1 taza de semillas de calabaza

1 taza de copos de avena finos

½ taza de aceite de oliva

½ cucharada de postre de sal

Extras: sal en escamas, hierbas aromáticas secas, especias, parmesano, aceitunas o tomates secos picados…

 PREPARACIÓN:

- Mezclar todos los ingredientes secos y remover bien.

- Añadir el agua y luego el aceite. Mezclar todo hasta que quede bien integrado en una masa más o menos compacta.

- Sobre una superficie bien limpia, extender la masa entre dos papeles de horno con la ayuda de un rodillo o vaso de cristal, y dejarlo del grosor de las semillas (más o menos ½ cm).

- Si sobra masa (saldría por los bordes del papel), guardarla envuelta en plástico transparente para alimentos dentro de la nevera para hornearla después.

- Opcionalmente, retirar el papel de arriba y espolvorear un poco de sal en escamas, hierbas aromáticas o parmesano. Volver a cubrir con el papel.

- Precortar con un cuchillo bien afilado la placa de masa en porciones del tamaño deseado y hornear (con el papel encima) 15-20 minutos a 200 ºC.

- Dejar enfriar bien y guardar los crackers en un recipiente hermético.

Sándwich caliente de queso comté, berros y alcachofas

Si te gustan las alcachofas y quieres salir del típico sándwich de queso, esta es tu oportunidad de oro. Está delicioso y puedes prepararlo en caliente o en frío para llevar al trabajo o a clase.

 INGREDIENTES:

1 SÁNDWICH

2 rebanadas de pan de pueblo o de molde de panadería

2 alcachofas en aceite, bien escurridas y cortadas a trozos

1-2 lonchas de queso comté

Un puñado pequeño de berros

Un poco de aceite de oliva virgen extra

 PREPARACIÓN:

- Poner las alcachofas en un bol y chafarlas ligeramente con un tenedor.

- Utilizar esa pasta para untar el pan. Poner encima los berros y sobre ellos el queso.

- Tapar con la otra rebanada y calentar en una sandwichera o en una sartén. Dorar el sándwich por ambos lados o hasta que el queso se funda.

Pan de pueblo con huevo poché y aguacate

Aquí va la receta de la tostada más instagrameable *del mundo. Asegúrate de sacarle la foto cuando la yema chorree y prepárate para recibir «likes» a porrillo mientras disfrutas de esta maravillosa receta.*

 INGREDIENTES:

1 RACIÓN

1 rebanada de pan de pueblo

¼ de aguacate

1 huevo de gallina campera

Perejil picado

Aceite de oliva virgen extra

Un chorrito de zumo de limón

Sal, pimienta y chile en copos

PREPARACIÓN:

· Tostar la rebanada de pan en una tostadora. Reservar.

· Preparar el huevo poché según la explicación de la página 68.

· Mientras tanto, en otro bol, chafar el aguacate, y añadir unas gotas de zumo de limón, sal, pimienta y chile en copos.

· Untar el pan con el aguacate y poner el huevo poché encima.

· Terminar de aderezar con unas gotas de aceite de oliva virgen extra, perejil picado, sal en escamas y chile en copos.

Sándwich verde

Nunca fue tan fácil rellenar de verde dos rebanadas de pan. Puedes cambiar el tipo de queso o cambiarlo por hummus, pero el toque que le da el queso de cabra al frescor que aportan los vegetales queda de maravilla.

 INGREDIENTES:

1 RACIÓN

2 rebanadas de pan integral de centeno

50 g de queso de rulo de cabra

2-3 hojas de lechuga, picadas

½ aguacate, cortado a rodajas

¼ de pepino, cortado a rodajas

Un puñado de germinados

Aceite de oliva virgen extra, sal en escamas y pimienta

 PREPARACIÓN:

· Tostar las rebanadas de pan, si procede.

· Distribuir el queso de cabra por las dos rebanadas de pan.

· Añadir encima de una de las rebanadas el pepino a rodajas y luego la lechuga, el aguacate y los germinados.

· Añadir un chorrito de aceite de oliva, sal y pimienta.

· Cerrar con la otra rebanada de pan, dejando la parte untada con el queso en el interior del sándwich.

Tostada de escalibada y sardinas

Una tostada muy fácil y rápida de preparar cuando tenemos sobras de verduras al horno. Si no tienes sardinas, abrir una lata de atún o de caballa puede ser una alternativa igualmente deliciosa.

 INGREDIENTES:

1 TOSTADA

1 rebanada de pan de semillas

Verduras variadas asadas (pimiento rojo, berenjena, cebolla, calabacín…)

1 sardina en aceite, bien escurrida

½ tomate de untar

Aceite de oliva virgen extra y sal al gusto

PREPARACIÓN:

- Tostar ligeramente el pan.

- Untar el tomate en el pan y añadir una pizca de sal y aceite de oliva.

- Distribuir por encima las verduras asadas, que pueden haber sido calentadas previamente en el microondas.

- Añadir la sardina en filetes.

CAPÍTULO
~5~
Bollería
Y OTROS DULCES PROCESADOS

BOLLERÍA Y REPOSTERÍA, DOS GRUPOS DE ALIMENTOS A EVITAR

La bollería es un grupo de alimentos ultraprocesados muy habitual en los desayunos españoles. Elaborados con altas cantidades de azúcares, grasas saturadas poco recomendables y harinas refinadas, los productos de este grupo de alimentos son altamente palatables, es decir, tienen un sabor y textura que los hacen muy atractivos al paladar y los convierten en productos de consumo fácil y rápido.

Toda esa cantidad de azúcar y grasas de mala calidad tiene como consecuencia una sensación de saciedad corta, lo que hace que al poco tiempo vuelva el apetito. El páncreas produce insulina, una hormona que actúa como una llave que abre una puerta específica para que el azúcar entre en las células y que su nivel sanguíneo se mantenga estable. Cuando los alimentos aportan tanta cantidad de azúcar, este entra en el organismo de manera muy rápida, con lo que nuestro pobre páncreas tiene que producir una gran cantidad de insulina. Esto hace que todas esas puertas de las células se abran a la vez y entre el azúcar en ellas. Lo que ocurre a continuación es que, como consecuencia, los niveles de azúcar bajan de golpe y se vuelve a tener hambre.

Obviamente, la explicación anterior está hecha de una manera muy simple, puesto que el proceso es mucho más complejo e intervienen otros factores, como hormonas o la matriz del alimento, pero te puedes hacer una idea de cómo funciona el tema. Además, la saciedad no solo depende de los niveles de azúcar en sangre, sino que la presencia de fibra y proteína juega un papel crucial, como veremos más adelante. Lo que debe quedarte claro es que, para nuestro cuerpo, comer bollería y repostería tendría un efecto muy similar al de comer azúcar y grasa mala a cucharadas.

Así pues, el problema de la bollería no es solo su mala calidad nutricional, alta en calorías vacías, sino que su poco poder saciante hace que comamos de nuevo al poco tiempo de haberla consumido, ingiriendo muchas más calorías de las que nos imaginamos en un corto espacio de tiempo.

■ DESMONTANDO LA BOLLERÍA

Si te has preguntado alguna vez qué lleva ese bollo
que te has comprado en el supermercado o en la panadería, la
respuesta es sencilla: básicamente harinas y féculas refinadas, azúcar
y grasas vegetales hidrogenadas (o mantequilla en el mejor de los casos),
aunque hay que reconocer cierta tendencia en la industria a sustituir estas grasas
por aceites de oliva o girasol alto oleico. También se utilizan huevos y leche, levadura, sal,
chocolate y otros ingredientes que pueden ir desde frutas desecadas o confitadas a frutos
secos y otros productos de confitería autorizados.

La bollería y repostería es una categoría de alimentos con un contenido calórico alto, que
ronda entre las 400-500 Kcal por cada 100 g de producto. El aporte de hidratos de carbono
refinados es elevado, sobre todo en forma de azúcar e igualmente elevado de grasas, sobre
todo saturadas. El contenido de grasas es tan alto que puede llegar a representar más del
35% del peso del producto.

Para que te hagas una idea, y por poner un ejemplo sencillo, una magdalena tradicional
envasada tiene unas 130 Kcal. Quien desayuna magdalenas no suele comerse una, sino dos
o tres. Seamos optimistas y pensemos que se come dos unidades con el café con leche para
desayunar: solo con las magdalenas está consumiendo 262 Kcal, 18 g de azúcar, 14 g de
grasas vegetales de dudosa calidad y 0,3 g de sal. Si se le añade al café dos sobres de azúcar
(unos 16-24 g), ya hemos tomado más de la mitad del azúcar que recomienda la OMS si nos
centramos en la recomendación de no consumir más del 10% del valor energético de la dieta
en forma de azúcar. Si bajamos a ese 5% condicional, nos hemos pasado ya de rosca. Y eso
solo en el desayuno. Normal que, con tanto producto azucarado, tengamos el gusto atrofiado.

No hay que olvidar otras características de la bollería y repostería: es barata, tiene una caducidad
larga y viene en presentaciones que la hacen muy atractiva, sobre todo para los niños, con
formas, colores, tamaños y envases que potencian su consumo. Incluso algunas incluyen regalos.

El consumo de bollería no debería preocuparnos únicamente por los ingredientes con los
que se prepara, sino también por aquellos con los que se consume: lácteos azucarados y con
sabores, como batidos de chocolate o vainilla, zumos de frutas, mermeladas, natas, siropes
y otros alimentos extremadamente azucarados y/o ricos en grasa. Pero aún hay más,
también deberíamos alarmarnos por los alimentos que se dejan de lado cuando se consume
bollería, como frutas, hortalizas o frutos secos, por nombrar algunos de los que habría que
promocionar más a menudo.

■ LA BOLLERÍA EN EL DESAYUNO... ¡Y A TODAS HORAS!

Según el informe «Estado de situación sobre el desayuno en España», es alarmante observar que el 59% de los niños de entre nueve y doce años desayunan bollería y pastelería, y que un 75% consumen productos chocolateados por la mañana. Las cifras son muy similares para los adolescentes, donde un 55% consume bollería y pastelería por la mañana y un 64% productos derivados del cacao. En el caso de los adultos, el 47% desayuna bollería, al igual que el 40% de los mayores de 65 años. Ciertamente, la bollería ha inundado las mañanas de nuestros hogares.

Y no es de extrañar, puesto que hay bollería expuesta a la venta por todas partes. La tentación siempre está a la vista: supermercados, comercios de proximidad, papelerías cercanas a escuelas, gasolineras, tiendas de 24 horas, máquinas de *vending*, bares, cafeterías... Es difícil resistirse. Estamos tan expuestos a sus estímulos que la tenemos tatuada en nuestra mente como la alternativa de *snack* cuando el hambre acecha entre horas.

Desafortunadamente, el consumo de bollería y repostería sigue creciendo. El «Informe del consumo de alimentación en España» de 2016, elaborado por el Ministerio de Agricultura, Pesca, Alimentación y Medio Ambiente, indica que el consumo de la categoría bollería/galletas/cereales creció un 0,6%. Según el mismo informe, los hogares destinan el 4,21% de su presupuesto a este tipo de alimentos. Igual un 4,21% te parece poco, pero si lo comparamos con el gasto que se hace de otros alimentos saludables, como las legumbres (les destinamos un 0,36% del presupuesto), las diferencias sorprenden y explican mucho nuestro estado de salud. Otro dato triste de este mismo informe es que los hogares formados por parejas con hijos medianos son responsables del 22,7% de los kilos consumidos de esta categoría (recordemos que se están incluyendo los cereales y las galletas, todos productos excesivamente azucarados). Le siguen las personas jubiladas, que se encargan de consumir el 17,5%, y las familias con hijos pequeños (14,5%). Como siempre, los niños son el principal objetivo de este tipo de alimentos.

La bollería es también un recurso frecuente en el fin de semana, porque se utiliza con la excusa de que durante el periodo de descanso semanal podemos permitirnos un capricho. Si bien consumir bollería de forma muy ocasional no es perjudicial, es recomendable poner especial atención a esos momentos: cuando se repiten demasiadas veces al mes dejan de ser especiales y se convierten en habituales. Así que la bollería y repostería, cuanto menos, mejor; y si la consumimos, que sea de la mejor calidad nutricional posible.

■ REPOSTERÍA Y BOLLERÍA CASERA, ¿SÍ O NO?

Aunque la bollería se vista de casera, bollería se queda. La versión hecha en casa sigue cumpliendo con la definición de bollería y repostería, es decir, masas hechas con harinas, azúcar, grasas, leche y huevos. Que hagamos nuestra repostería en casa puede llevarnos a la idea errónea de que es más sana y, por lo tanto, podemos comer mayor cantidad o dejar de comer otros alimentos más saludables. Ojo con esto porque hay que seguir moderando su consumo.

En general, la bollería y repostería casera es rica en azúcar, grasa y harina refinada, lo cual no la diferencia en nada de la repostería industrial. Vamos, que sigue siendo una bomba de calorías vacías. Por ejemplo, la gran mayoría de las recetas que me he encontrado en libros de cocina y en Internet abusan del azúcar. Te sorprendería ver lo bien que quedan muchas de esas recetas cuando les reduces un 30%, 40% o hasta 50% el contenido de azúcar. Nuestro paladar no necesita tanto dulzor, créeme.

Aun así, existe la posibilidad de versionar algunas recetas con harinas integrales, reduciendo el contenido de azúcar o sustituyendo parte de la mantequilla por aceite de oliva o aguacate. Además, podemos incluir frutos secos, chocolate con alta proporción de cacao y frutas para endulzar mientras moderamos la cantidad de azúcar que utilizamos. Mención especial merecen los endulzantes estilo miel, siropes (de agave, arce), panela, azúcar de coco y toda una serie de productos que se venden como sustitutos saludables del azúcar. Siento ser la portadora de malas noticias, pero te han tomado el pelo con eso de que son versiones saludables. Siguen siendo alimentos con un elevadísimo contenido en azúcar

EL PROBLEMA DE LA BOLLERÍA NO ES SOLO SU MALA CALIDAD NUTRICIONAL, SINO QUE SU POCO PODER SACIANTE HACE QUE COMAMOS DE NUEVO AL POCO TIEMPO DE HABERLA CONSUMIDO.

y, aunque puedan tener algunos nutrientes más que el azúcar blanco, ni por asomo están presentes en cantidades significativas que puedan tener un impacto positivo sobre la salud. Así, utilizar uno u otro endulzante será más una cuestión de gusto que de salud. Personalmente, a mí me gusta endulzar con miel o sirope de agave porque vienen en textura semilíquida y se disuelven mejor en las masas y en los líquidos. Los utilizo en casi todas las recetas dulces de este libro, pero puedes sustituirlos perfectamente por la misma cantidad de azúcar.

Aun así, hacer bollería casera puede tener sus ventajas si se compara con la industrial. Al prepararla nosotros, podemos controlar el tipo y la cantidad de ingredientes que utilizamos. De nosotros depende utilizar harina refinada o harina integral, reducir la cantidad de azúcar de la receta o añadirle chocolate de alto porcentaje en cacao (superior al 70%) en lugar de chocolate con azúcar. Si preparas repostería en casa, procura servir porciones que sean más bien pequeñas (aunque utilices recetas «saludables») y añade frutas frescas, yogur griego o frutos secos como acompañamiento en lugar de cantidades ingentes de nata, crema, sirope, mermelada u otros ingredientes dulces y grasos.

A continuación, te ofrezco varias recetas de repostería casera que puedes preparar el fin de semana. Verás que no hay tantas recetas como en el resto de los capítulos de este libro. Es una decisión consciente, por dos motivos: el primero es que, reduciendo la proporción de recetas de repostería, quiero hacerte entender que deben estar presentes en baja proporción en nuestra alimentación; el segundo es que la repostería nunca ha sido lo mío y prefiero darte las pocas recetas que controlo y sé que salen bien con mayor probabilidad. He ajustado al máximo las cantidades de azúcar y grasa para conseguir el mejor equilibrio entre sabor y calidad nutricional.

De nuevo, si quieres reducir aún más las cantidades de azúcar y/o grasas puedes hacerlo, pero ten en cuenta que en el caso de la repostería es posible que, si alteras mucho las proporciones de los ingredientes, la receta no salga bien. En cualquier caso, son recetas para momentos ocasionales, así que juzga bien el consumo que hagas de estos alimentos.

¡A PRACTICAR!

Pudin de pan y manzana

El pudin es una receta de aprovechamiento estupenda, tanto para la repostería tipo cruasán como para el pan. En esta receta hacemos una versión menos pesada, donde sustituimos parte del pan por manzana.

INGREDIENTES:

6-8 PERSONAS

350 g de pan integral viejo, cortado a rebanadas

4 huevos

2 manzanas, cortadas a rodajas

250 ml de nata para cocinar

300 ml de leche

75 g de azúcar

25 g de mantequilla

Un puñado de pasas

1 cucharada sopera de esencia de vainilla

....

PREPARACIÓN:

• Engrasar una fuente de horno con mantequilla y espolvorear 2 cucharadas soperas de azúcar.

• Repartir el pan, la manzana y las pasas en la fuente.

• En un bol, mezclar los huevos, la nata, la leche, la vainilla y el resto del azúcar. Verter la mezcla en la fuente.

• Hornear a 180 °C durante 30-40 minutos y dejar enfriar. Servir con canela espolvoreada.

Pancakes de avena y almendra

Esta receta de pancakes es ideal para preparar el fin de semana y están buenísimos acompañados con un poco de yogur natural y fruta fresca. Puedes congelar los pancakes y descongelarlos en el microondas o en la sartén.

 INGREDIENTES:

6 PANCAKES

45 g de copos de avena

35 g de almendra molida

2 huevos

100 g de yogur griego

3 cucharadas soperas de aceite de oliva

2 cucharadas soperas de sirope de agave

1 cucharada de postre de extracto de vainilla

1 cucharada de postre rasa de canela en polvo

1 cucharada de postre de levadura Royal

Una pizca de sal

 PREPARACIÓN:

· En una picadora o procesador de alimentos, triturar los copos de avena hasta obtener un polvo fino. Si no tienes cómo triturar los copos de avena, puedes sustituirlos por harina integral.

· Empezar combinando los ingredientes secos en un bol: la avena picada, la almendra, la canela, levadura y sal. Mezclar bien.

· Añadir los huevos, el yogur, el sirope, la vainilla y el aceite. Batir con una batidora de mano y dejar reposar 15 minutos en la nevera.

· En una sartén antiadherente, calentar un poco de aceite a fuego medio-alto.

· Añadir ½ cucharón de masa de *pancake* a la sartén y reducir el fuego a medio-bajo. Cocina hasta que los bordes queden secos y de la masa salgan unas burbujas, entre 1 y 3 minutos. Dale la vuelta con cuidado, con la ayuda de una pala y cocina hasta que esté dorada la otra cara.

· Servir tibios con un poco de yogur griego, fruta, sirope de agave, miel de flores o frutos secos.

Pan de plátano, nueces y yogur griego

El pan de plátano es una excelente manera de aprovechar esos plátanos maduros que se te quedan en el frutero y nadie quiere comerse. Su grado de madurez permite reducir considerablemente el contenido de azúcar añadido.

 INGREDIENTES:

8-10 RACIONES

3 plátanos muy maduros

2 huevos medianos

200 g de harina de espelta

100 g de yogur griego

75 g de azúcar moreno

50 g de nueces picadas

4 cucharadas soperas de aceite de oliva

1 cucharada de postre de esencia de vainilla

La ralladura de ½ limón

1 sobre de impulsor de repostería

PREPARACIÓN:

· Precalentar el horno a 180 ºC.

· En un plato hondo poner los plátanos pelados y cortados a trozos, la ralladura de ½ limón y esencia de vainilla. Aplastarlo todo bien con un tenedor y reservar.

· En un bol, mezclar la harina con el impulsor de panadería. Añadir las nueces, mezclar bien y hacer un agujero en el centro.

· En otro bol aparte, batir los dos huevos y añadir el yogur, el aceite y el azúcar, hasta obtener una masa homogénea.

· Incorporar la mezcla anterior en el agujero hecho en la harina, y luego los plátanos chafados. Mezclar con una cuchara o espátula, sin llegar a batir, pero incorporando bien los ingredientes entre sí.

· Poner la mezcla en un molde del estilo del pan de molde y hornear durante 40 minutos a 180 ºC. Cuando haya pasado el tiempo, pincharlo con un palillo y si sale limpio apagar el horno y dejar reposar 5 minutos en su interior.

· Sacar el pan de plátano y separarlo de las paredes del molde con un cuchillo. Desmoldar y dejar enfriar en una rejilla. Puedes decorarlo poniendo un plátano extra partido por la mitad encima de la masa, justo antes de hornear.

Brownies de aguacate y naranja

Esta receta está inspirada en la tarta de chocolate, crema de mascarpone y cerezas que tengo publicada en mi blog. En este caso, he cambiado la mantequilla por aguacate y reducido la cantidad de azúcar a la mitad. Lleva su tiempo, pero está para chuparse los dedos.

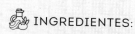 INGREDIENTES:

10-12 RACIONES

300 g de almendra molida

100 g de chocolate 70% cacao

5 huevos camperos

5 cucharadas soperas de cacao puro en polvo desgrasado

1 aguacate grande maduro, pelado y sin hueso

50 g de azúcar

La ralladura de 2 naranjas

El zumo de 2 naranjas

2 cucharadas de postre de esencia de vainilla líquida

1 pizca de sal

 PREPARACIÓN:

- Precalentar el horno a 190 ºC, calor arriba y abajo.

- Poner el zumo de naranja en un cazo y calentar a fuego medio-alto hasta que reduzca un poco más de la mitad de su volumen. Reservar.

- Triturar el aguacate con una batidora. Reservar.

- Separar las claras de las yemas, dejando las claras en un bol grande para montarlas a punto de nieve más tarde.

- Poner en otro cazo el chocolate y el aguacate. Fundir a fuego lento, removiendo de vez en cuando, para que se integren bien ambos ingredientes.

- Añadir una a una las yemas de huevo, removiendo bien cada vez que se incorpore una y vigilando que la temperatura no sea muy alta para que las yemas no se cuajen. Si es necesario, baja la potencia del fuego o retirar el cazo para que no esté tan caliente.

- Poner el azúcar, la esencia de vainilla, el cacao en polvo desgrasado, 100 ml del zumo de naranja reducido y la almendra en polvo a la mezcla de chocolate, yemas y aguacate. Remover bien para integrar todos los ingredientes y apagar el fuego.

- Poner una pizca de sal a las claras y montarlas a punto de nieve.

- Añadir poco a poco la mezcla de chocolate y almendras a las claras, removiendo con movimientos envolventes hasta que quede todo mezclado.

- Verter la mezcla en un molde cuadrado de 28 x 20 cm y hornearlo durante 18 minutos.

- Pasados los 18 minutos, apagar el horno y dejarla 2 minutos más con la puerta del horno cerrada. Sacar y desmoldar con cuidado pasados unos minutos para no quemarse.

- Dejar enfriar y cortar a cuadrados cuando esté tibia.

Galletas de avena, cacahuetes y chocolate

Que no te eche para atrás la cantidad de ingredientes de esta receta. Es muy sencilla de hacer y, además, es ideal para involucrar a los más pequeños en su elaboración. Se conservan perfectamente varios días en un recipiente hermético y pueden congelarse una vez horneadas. Si las congelas, sácalas la noche antes o introdúcelas directamente en el horno a 150 °C durante cuatro o cinco minutos para tener unas galletas como recién hechas.

 INGREDIENTES:

4 PERSONAS

1 plátano maduro

140 g de mantequilla de cacahuete

1 cucharada sopera de aceite de oliva

1 cucharada sopera de aceite de coco
(o de mantequilla, en su defecto)

5 dátiles medjool

1 huevo

120 g de harina de avena

100 g de copos de avena

Una pizca de sal

60 g de chocolate 70%

2-3 cucharadas soperas de cacahuetes
crudos picados (opcional)

1 cucharada de postre de esencia
de vainilla

 PREPARACIÓN:

- Quitarles el hueso a los dátiles y ponerlos en un recipiente apto para microondas. Cubrirlos con el agua justa y ponerlos entre 1 minuto a potencia máxima. Sacarlos con cuidado de no quemarse y triturarlos con una batidora de brazo.

- Pelar y chafar el plátano con un tenedor en un bol grande. Añadir la mantequilla de cacahuete, el aceite de oliva y el de coco (o mantequilla), los dátiles triturados, el huevo y la esencia de vainilla. Mezclar todo con una espátula. Reservar.

- En otro bol mezclar la harina de avena, la levadura química y la sal. Añadirlos a la mezcla de plátano y mantequilla de cacahuete y mezclar bien con la espátula.

- Picar las onzas de chocolate con un cuchillo. Incorporarlas a la mezcla anterior y añadir los copos de avena. Mezclar bien hasta que quede una masa densa y firme.

- Cortar un trozo grande de film transparente y ponerlo sobre una superficie limpia. Verter toda la masa de las galletas y hacer un rulo alargado, utilizando el film para darle forma. Hay que obtener un rulo del diámetro de las galletas. Cerrar los extremos del rulo como si fuese un caramelo y dejar reposar en la nevera al menos 1 hora.

- Pasado este tiempo, precalentar el horno a 200 °C. Preparar una bandeja de horno colocando un papel de hornear encima. Sacar el rulo de masa, quitarle el film transparente y, con un cuchillo afilado, ir cortando piezas de 1 cm de grosor. Colocarlas en la bandeja, añadirles cacahuetes picados por encima y chafarlas con los dedos para adherirlos a la superficie.

- Bajar la temperatura del horno a 170 °C e introducir la bandeja. Hornear unos 12-14 minutos. Apagar el horno y dejarlas reposar dentro otros 10 minutos. Sacarlas y dejar que se enfríen antes de comerlas.

Si no desayuno jamón,

¿DE DÓNDE SACO LA PROTEÍNA?

Es posible que esta pregunta no te la hayas hecho nunca, pero te aseguro que hay mucha gente que consume embutido en el desayuno convencida de que es un producto totalmente saludable y que puede formar parte de la alimentación habitual sin ningún problema. Por desgracia, está equivocada y ya te adelanto que, cuanto menos embutido comas, mejor.

El consumo actual de embutidos y carnes procesadas en nuestra sociedad es demasiado elevado. Según el «Informe de consumo de alimentos en España» de 2016, se consumen 11,7 kg de embutido por persona y año, lo que indica un consumo de unos 32 g de embutido al día. Según el mismo informe, el perfil del hogar consumidor de embutidos está formado por parejas con hijos de mediana edad y mayores, así como parejas adultas sin hijos. El informe «Estado de situación sobre el desayuno en España» del estudio ANIBES nos da, además, datos del consumo de estos alimentos en el desayuno: un 15% de niños de 9 a 12 años y un 16% de los adolescentes (13 y 17 años) consumen embutidos en el desayuno. Este porcentaje aumenta a un 20% en adultos y baja en personas mayores a un 13%.

La presencia de proteínas y de hierro se utiliza, no en pocas ocasiones, como reclamo para promocionar el consumo de carnes procesadas dentro de una alimentación variada y equilibrada. Esos reclamos, que pueden convencer a los más incautos, se unen a que el embutido es un tipo de alimento práctico porque no requiere de mucha preparación para su consumo. Si eres de los que consumen jamón o pavo por la mañana y el inicio de este capítulo te ha dejado desconcertado, no te preocupes. Veremos más adelante que existen mejores opciones para garantizar un aporte saludable de proteínas sin necesidad de tener que recurrir a este tipo de alimentos.

■ LA PRESENCIA DE PROTEÍNAS EN EL DESAYUNO

La proteína es un nutriente que favorece la saciedad, con lo que cada vez más expertos recomiendan revisar el contenido proteico del desayuno y aumentarlo para así controlar el apetito hasta la hora de comer.

Los desayunos actuales no son especialmente ricos en proteínas. Si volvemos a los resultados del informe al que se ha hecho referencia en el inicio de este capítulo, recordaremos que lo que desayuna más de la mitad de la población española son alimentos a base de lácteos (básicamente leche), bollería y pastelería, pan blanco y chocolates. Aparte de la proteína que pueda aportar un vaso de leche, el resto de los alimentos no destacan especialmente por su aporte proteico y mucho menos por que sean alimentos de buena calidad.

Este hecho tampoco resulta extraño, ya que el mensaje que se está dando a la población sobre el desayuno es la famosa tríada del desayuno: lácteo-cereal-fruta. Aunque la leche aporte proteínas, un vaso de 250 ml contiene unos 7 g de proteína, algo bastante alejado de los 30-35 g de proteína que algunos estudios recomiendan incluir en la primera comida del día.

Aunque la presencia de proteínas en el desayuno no sea muy predominante en la cultura española, existen otros países donde el contenido proteico del desayuno es importante. El famoso desayuno inglés es un claro ejemplo de desayuno rico en proteínas. Si le quitamos las carnes procesadas que incluye, los huevos y las legumbres aportan una gran cantidad de este nutriente. De hecho, la combinación de huevos y legumbres es habitual en el desayuno de otras culturas. Por ejemplo, en México tenemos los famosos huevos rancheros o la tortilla de maíz con huevo y frijoles refritos. En Costa Rica se desayuna en muchas ocasiones gallopinto, una combinación de arroz y frijoles que puede ir acompañada de huevos, plátanos y tortillas de maíz.

■ EL CONSUMO DE CARNES PROCESADAS NO ES RECOMENDABLE, NI PARA DESAYUNAR

Sí, has leído bien: el consumo de carnes procesadas no es recomendable, ni siquiera para desayunar. Y no es recomendable porque el consumo frecuente de carnes procesadas, como el jamón (ya sea cocido o serrano de pata negra), el beicon o los embutidos en general, aumentan el riesgo de enfermedades cardiovasculares y cáncer de colon.

De hecho, hace unos años, concretamente en 2015, la Organización Mundial de la Salud (OMS) clasificó a las carnes procesadas como carcinogénicas. Esto quiere decir que, hoy día, la OMS considera que tenemos suficientes evidencias como para afirmar que las carnes procesadas aumentan el riesgo de cáncer, al igual que fumar o estar expuesto al amianto. Obviamente, esta noticia causó un gran revuelo en los medios y en el sector, además de levantar la alarma entre los consumidores. Sin embargo, hay que poner los datos en contexto y entender exactamente lo que quería decir la OMS.

La OMS determinó que un consumo diario de más de 50 g de carne procesada aumenta el riesgo de padecer cáncer de colon en un 18% en comparación con aquellos que consumen menos o ninguna carne procesada. Según la Asociación Americana del Cáncer, el riesgo que tenemos de sufrir un cáncer de colon (comamos o no carnes procesadas) se estima en un 4%, concretamente en un 4,15% para las mujeres y en un 4,49% para los hombres. Esto quiere decir que, de cada cien personas, unas cuatro desarrollarán cáncer de colon. Con la ingesta diaria de más de 50 g de carnes procesadas este riesgo aumenta un 18%, de forma que pasa del 4% al 4,72%, es decir, el riesgo absoluto ha aumentado 0,72%. Visto de esta forma ya no parece tan alarmante, ¿verdad?

Pero aun poniendo los datos en perspectiva, el hecho de que el riesgo de cáncer aumente tan poco no significa barra libre de tocino y chorizo. Recordemos que el consumo de carnes procesadas aumenta el riesgo no solo de cáncer, sino también de enfermedades cardiovasculares. Además, su consumo habitual desplaza el de otros alimentos más saludables. Utilizar los embutidos como alimentos para aumentar el contenido de proteínas y hierro del desayuno no tiene mucho sentido cuando hay alimentos infinitamente más saludables que también los aportan. Recordemos que el embutido contribuye en gran medida a nuestra ingesta de sal, grasas saturadas, calorías y, en muchas ocasiones, almidones refinados, que no es otra cosa que hidratos de carbono de absorción rápida.

La OMS no ha fijado qué cantidad de carne procesada se puede comer, pero algunos autores indican que no deberían superarse los 20 g diarios, lo que vendría a ser una loncha de jamón. Desde luego que el consumo ocasional de embutido no mata a nadie; no pasa nada por disfrutar de unos huevos con beicon de forma esporádica, o de una tapa de jamón ibérico, pero es clave que interioricemos y asumamos que no pueden formar parte de nuestra alimentación cotidiana. Las evidencias son las que son y, créeme, a mí también me gusta el beicon y el jamón, pero es mejor no tenerlos en casa.

Aun con todo lo explicado, cuando repases las recetas de este capítulo, verás que hay una que lleva jamón de cocido. Se trata de la *galette bretonne*, una receta tradicional francesa con huevo, jamón y queso, la cual hace de los desayunos del fin de semana algo realmente especial, no lo voy a negar. No hace falta ser muy listo para ver que es fácil de adaptar a ingredientes más saludables, pero ya me he encargado de que no haya más de una loncha de jamón por ración y de que moderemos el contenido de queso. Confieso que la decisión de incluir esta receta me ha valido no pocas discusiones conmigo misma, pero es la única receta del libro que contiene carne procesada. Con esto quiero hacerte ver que, aunque es mejor que no tomemos estos alimentos, en caso de hacerlo, esto sería un ejemplo de lo que significaría un consumo esporádico: de 61 recetas que tiene este libro, si hiciésemos una cada día, tan solo ingeriríamos este alimento una vez en dos meses (asumiendo que no lo hacemos en el resto de comidas diarias).

■ PROTEÍNAS EN EL DESAYUNO Y SACIEDAD

Una de las cosas que comentan muchas personas es que, a pesar de desayunar, llegan con mucho apetito a la comida, o tienen la necesidad de picar algo a media mañana porque tienen hambre.

EL CONSUMO DE CARNES PROCESADAS DESPLAZA EL DE OTROS ALIMENTOS POTENCIALMENTE MÁS SALUDABLES.

Solucionar esta situación es tan sencillo como buscar *snacks* que sean saludables para tomar a media mañana, como fruta, frutos secos, yogur natural o unas zanahorias con hummus, por ejemplo. También se puede intentar no dejar pasar tanto tiempo entre el desayuno y la comida y cambiar nuestros horarios, algo no siempre asumible.

Otra opción es revisar qué se ha desayunado y valorar si es posible aumentar el efecto saciante de ese desayuno utilizando diferentes recursos. Uno de ellos es aumentar el volumen de alimentos de baja densidad energética, como vegetales o frutas (así, aunque tomemos más cantidad no estamos ingiriendo un exceso de calorías). Otra posibilidad es incluir más fibra a través de cereales y derivados de grano entero, legumbres o frutas. Y una tercera opción es incrementar la cantidad de proteínas consumidas, a través de huevos, legumbres, frutos secos, pescados, carnes magras o lácteos, principalmente. También puedes combinar los tres recursos, claro.

Existen pocos estudios que hayan evaluado específicamente el efecto que tiene aumentar el consumo de proteínas en el desayuno como medida para mejorar la saciedad. Estos estudios concluyen que un desayuno rico en proteínas de buena calidad parece tener un efecto positivo sobre el control de la saciedad, además de mejorar la calidad de la dieta al sustituir alimentos cuestionables desde el punto de vista nutricional por otros mejores. La cantidad de estudios en esta área no es elevada, así que no podemos hacer afirmaciones tajantes, pero es lógico pensar que, si dejas de comer alimentos procesados llenos de calorías vacías y con bajo efecto saciante, y los sustituyes por alimentos mínimamente procesados y nutritivos, tu sensación de saciedad se verá influida y los efectos que podrás esperar sobre tu salud serán más que positivos.

■ ENTONCES, ¿CUÁNTA PROTEÍNA DEBE TENER MI DESAYUNO?

Es complicado dar una cifra exacta porque no disponemos de evidencias suficientes. Los estudios que han evaluado el efecto de un desayuno alto en proteínas contienen 35 g de este nutriente, algo complicado de conseguir teniendo en cuenta los hábitos actuales. Meter tanta cantidad de proteína en el desayuno sin utilizar suplementos no es fácil, con lo que extrapolar los resultados de estos estudios a recomendaciones para la población no tiene mucho sentido.

Aun así, algunos autores han comentado que un incremento modesto en el consumo de proteínas, a expensas de reducir hidratos de carbono o grasas para mantener el mismo aporte de calorías, puede ser una herramienta útil para favorecer la saciedad durante la mañana.

En cualquier caso, lo importante es que seas más consciente del efecto que tiene tu desayuno a lo largo de la mañana en tu cuerpo. Si te encuentras bien, no sientes un apetito feroz, ni tampoco sientes pesadez y los ingredientes que utilizas son comida de verdad, no tienes que preocuparte y puedes seguir con tu rutina. Por el contrario, si quieres que tu desayuno sea saciante y te ayude a mantener el apetito a raya durante toda la mañana, asegúrate de incluir una buena ración de proteína saludable, alimentos ricos en fibra y/o de baja densidad energética.

■ ALIMENTOS SALUDABLES RICOS EN PROTEÍNAS PARA DESAYUNAR

Si quieres añadir proteína de buena calidad en el desayuno, tienes a continuación una lista con alimentos ricos en proteínas saludables para que puedas escoger aquellos que se ajusten más a tus gustos, presupuesto o tiempo de preparación. Por ejemplo, si te gusta desayunar una tostada de pan con fiambre de pavo por las mañanas porque es rápido de preparar, puedes sustituirla por pavo de verdad utilizando sobras de la cena anterior o planificando con antelación: compra una pechuga en la carnicería, hazla en casa, desmenúzala y guárdala en la nevera dentro de un recipiente hermético dos días como máximo. También puedes dejarte huevos hervidos para toda la semana y prepararte esa tostada con unas rodajas de tomate y huevo. O tener hummus casero en la nevera. Ganarán tu salud y tu bolsillo.

Legumbres: Mientras escribía este capítulo ocurrió un revuelo en las redes sociales acerca del consumo de legumbres en el desayuno. Concretamente, María Merino, una colega de profesión y mamá de un niño pequeño, mostraba orgullosa en su cuenta de Twitter cómo su hijo prefería desayunar garbanzos a un puñado de galletas. No tardaron en saltar quienes querían llamar a servicios sociales, alarmados porque el pobrecito niño se veía obligado a desayunar garbanzos en lugar del consabido bol de leche con cereales chocolateados, como mandan los cánones

y las guías del buen vivir. Afortunadamente, fueron muchos los que aplaudieron la posición de una madre que se preocupa por la salud de su hijo y prefiere educarlo en una buena alimentación. Desde luego que desayunar legumbres no es lo primero que se nos pasa por la cabeza; no se trata precisamente de unos alimentos fáciles y rápidos de preparar, tal y como se busca en el desayuno. Sin embargo, hoy día es posible adquirir legumbres en conserva que nada tienen que envidiar a la legumbre cocida en casa y que, además, pueden transformarse rápidamente en un rico hummus que nos aguantará varios días en la nevera. Aun así, y para los escépticos de los garbanzos para desayunar, tenéis en este capítulo la receta de un sándwich con garbanzos que me encanta y que estoy segura de que os sorprenderá.

Soja y derivados: Aunque la soja sea una legumbre, merece mención aparte porque de ella obtenemos una serie de derivados que no se hacen con otras legumbres (salvo contadísimas excepciones). La bebida de soja, junto con el tofu y el tempeh son, quizás, los productos que más se consumen como derivados de la soja. Para las personas que utilizan la bebida de soja en sustitución de la leche, es importante recalcar que es mejor adquirirla enriquecida en calcio y vitamina D. Recordemos que el tofu es también fuente de calcio y existen recetas con este alimento que, por ejemplo, simulan los huevos revueltos. El tempeh, otro derivado de la soja, también puede utilizarse en tostadas una vez se ha pasado por la sartén. Si no eres vegetariano, incluirlos en el desayuno es una cuestión de voluntad y de querer ampliar tu repertorio para probar cosas diferentes. Si eres de los valientes, atrévete con el revuelto de tofu de este capítulo.

Frutos secos: Muchas personas se sorprenden cuando se les dice que, primero, los frutos secos aportan una buena cantidad de proteína y, segundo, que no engordan tanto como creen. Tenemos evidencias suficientes como para recomendar el consumo diario de un puñado de frutos secos para reducir el riesgo de enfermedades cardiovasculares y para hacerlo sin miedo a un aumento de peso. El gran efecto saciante de estos alimentos es una de las explicaciones por las que se decantan los expertos a la hora de recomendarlos, incluso, en pautas de pérdida de peso. Así que no temas consumirlos por la mañana, seguramente te llevarás una sorpresa.

Lácteos: Hablaremos con más extensión de los lácteos en el capítulo ocho de este libro, pero en caso de consumirlos, es recomendable escoger aquellos que han sufrido un procesado mínimo, como ocurre con la leche, el yogur natural o los quesos frescos. Mención especial tienen el yogur griego, el *skyr* y otros derivados del estilo como el *labneh*, los cuales suelen ser bastante ricos en proteínas, pero también en grasas, aunque existen algunas versiones desnatadas. Supongo que a estas alturas no hará falta que te recuerde que es mucho mejor que los yogures y quesos frescos no lleven azúcar ni sabores añadidos.

Huevos: A lo largo del libro hemos visto cómo los huevos han formado parte del desayuno desde tiempos inmemoriales. Su practicidad, rapidez de preparación y contenido nutritivo (además de su valor gastronómico) los ha convertido en el alimento insignia del desayuno de muchas culturas. El huevo ha sido vilipendiado injustamente por su contenido en colesterol, pero hoy día sabemos que una persona sana puede comer hasta siete huevos a la semana si así lo desea, con lo que no tengas miedo de incluirlos en tu desayuno.

Aves y pescados: A pocas personas se les puede ocurrir incluir aves o pescados en su desayuno, pero actualmente disponemos de opciones prácticas y saludables que pueden hacer de un desayuno algo nutritivo y saciante, además de delicioso. Las conservas de pescados son nuestras aliadas en este caso y las sobras de pollo o pavo pueden apañar un desayuno rápido entre semana. Si bien prefiero fomentar el uso de proteína de origen vegetal, puesto que en general consumimos demasiados animales, en las recetas de este capítulo tienes algunas ideas con estos alimentos. Recuerda, siempre que te sea posible, consumirlos de productores y criaderos locales donde traten al animal de forma ética.

¡A PRACTICAR!

Desayuno nórdico

Este desayuno puede prepararse para un brunch de fin de semana, dada la cantidad de alimentos que lo componen. Prepara una tabla con diferentes tipos de pescados ahumados y en conserva, pan de centeno, huevos cocidos, tomates, rabanitos, mantequilla y hojas de lechuga o rúcula.

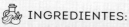 INGREDIENTES:

4 PERSONAS

4 lonchas de salmón ahumado

4 huevos cocidos

1 bol pequeño de langostinos cocidos y pelados

1 bol pequeño de caballa en conserva

1 bol pequeño de queso cottage

1 bol pequeño de rodajas de pepino

1 bol pequeño de rodajas de tomate

Panes variados de centeno, espelta, masa madre, crackers de semillas…

Mantequilla sin sal y eneldo fresco

....

 PREPARACIÓN:

• Disponer todos los ingredientes en una tabla o bandeja grande para que cada uno se prepare su desayuno a su gusto.

Frittata de champiñones, espinacas y tomate

La frittata original es una receta italiana para aprovechar los restos de pasta. En esta receta, en lugar de usar sobras de pasta utilizamos sobras de verduras combinadas con tomate fresco.

 INGREDIENTES:

1 PERSONA

2 huevos

Sobras de verduras (en este caso, champiñones salteados con espinacas en aceite de oliva)

Un tomate pequeño cortado a rodajas

Sal, pimienta y orégano

 PREPARACIÓN:

- Batir los huevos en un bol y añadir una pizca de sal. Reservar.

- En una sartén antiadherente pequeña, calentar las verduras durante un par de minutos a fuego medio.

- Añadir el huevo batido y no remover.

- Cuando empiece a cuajar, añadir las rodajas de tomate, un poco de orégano y pimienta.

- Apagar el fuego y tapar con un plato o tapa. Dejar que termine de cuajar durante un par de minutos más.

- Servir.

Huevos revueltos cremosos

Los huevos revueltos son un icono del desayuno. Sin embargo, no todo el mundo los prepara bien, ya que hay tendencia a cocinarlos demasiado, dando como resultado una especie de tortilla mal hecha. También están quienes les añaden nata o un exceso de mantequilla para aportar cremosidad. Aquí vas a aprender a hacer huevos revueltos de forma saludable: con huevos, aceite y sal.

 INGREDIENTES:

1 PERSONA

2 huevos

Sal, aceite y pimienta (opcional)

 PREPARACIÓN:

- Batir los huevos suavemente, de forma que se mezcle la yema y la clara, pero sin introducir mucho aire en la mezcla, es decir, no deben quedar burbujas. Añadir sal al gusto y volver a mezclar.

- Calentar una cucharada sopera de aceite de oliva en una sartén antiadherente pequeña, a fuego medio.

- Añadir los huevos y bajar un poco el fuego. La clave está en cocinar los huevos a fuego lento, no en hacer una tortilla, así que la sartén no tiene que estar excesivamente caliente.

- Con una espátula de madera, ir removiendo los huevos para que vayan cuajando. Recordar mantener siempre el fuego bajo. Obviamente, esto hará que se tarde un poco más en prepararlos, pero el resultado merece la pena.

- La consistencia que tiene que empezar a tomar los huevos es la de una mezcla semilíquida, que irá cuajando y adquiriendo una textura de crema.

- Sigue removiendo hasta que los huevos adquieran la consistencia que deseas. Apaga el fuego, sírvelos en un bol o plato y añade un poquito de pimienta, o cualquier hierba aromática fresca que te apetezca.

Revuelto vegano

Las personas que no consumen huevos, sea por razones éticas o de salud, pueden disfrutar de esta receta con tofu que recuerda, por el aspecto y en parte por su sabor, a los huevos revueltos. Aunque comas huevos, anímate a probar esta versión porque está riquísima.

INGREDIENTES:

4 PERSONAS

200 g de tofu firme, bien escurrido y desmenuzado

½ cebolla mediana picada

2 cucharadas de postre de cúrcuma

2 cucharadas de postre de levadura nutricional

1 cucharada de postre de cebolla en polvo

½ cucharada de postre de ajo en polvo

2 cucharadas soperas de aceite de oliva

Sal y pimienta al gusto

Germinados y otros vegetales para combinar (opcional)

PREPARACIÓN:

- Calentar el aceite en una sartén antiadherente mediana, a fuego medio.

- Añadir la cebolla picada, una pizca de sal y pochar durante 2-3 minutos, removiendo de vez en cuando.

- Añadir el tofu desmenuzado y remover bien para que se impregne del aceite y la cebolla.

- Añadir la levadura nutricional, la cúrcuma, la cebolla en polvo y el ajo en polvo. Remover bien para que se integren todos los ingredientes. El tofu tiene que adquirir un bonito color amarillo.

- Dejar que el tofu se dore ligeramente. Para ello, no hay que removerlo, sino dejarlo en contacto con el calor de la sartén durante un minuto más o menos, remover de nuevo, dejarlo otro minuto sin tocar, y así hasta que tenga el tono dorado que te guste.

- Servir en un bol o plato, con un poco de pimienta recién molida y germinados (o cualquier hierba aromática). Puedes acompañarlos de aguacate, tomate o espinacas picadas.

NOTA: La levadura nutricional es una levadura inactiva que se vende en herbolarios y tiendas de dietética. Se utiliza mucho en cocina vegetariana por su valor nutricional y sabor, que recuerda al queso.

Galette bretonne tradicional

No te dejes impresionar por esta receta; es más fácil de lo que parece y es ideal para el fin de semana. Asegúrate de comprar un jamón cocido de buena calidad en la charcutería y pide que te lo corten finito, así da la sensación de que abulta más en la galette.

 **INGREDIENTES:**

4 RACIONES

Para la masa:
100 g de harina de trigo sarraceno (también conocido como «alforfón»)

180 ml de agua

1 huevo batido

Una pizca de sal

Para el relleno:
60 g de queso comté rallado

80 g de jamón cocido extra en lonchas finas

4 huevos

Aceite de oliva

 PREPARACIÓN:

- Poner la harina en un bol, junto con la sal, el agua y el huevo. Mezclar hasta obtener una consistencia homogénea.

- Calentar una sartén antiadherente pequeña con unas gotas de aceite de oliva, a fuego medio. Verter unos 90 ml de masa en la sartén (el equivalente a un cucharón de servir).

- Repartir la masa por toda la sartén y dejar que cuaje ligeramente.

- Cuando aparezcan unas burbujitas en la masa, espolvorear una cucharada sopera de queso rallado y añadir un huevo cascado y una loncha de jamón.

- Con el fuego medio-bajo, doblar con la ayuda de una espátula o cuchillo los lados de la galette y tapar la sartén para que cuaje el huevo.

- Se puede servir con unas espinacas frescas para acompañar.

Sándwich de garbanzos y aguacate

Aquí va otra idea de bocata vegetal. Seguro que lo de ponerle garbanzos al pan te parece eso de «pan con pan comida de tontos», pero te aseguro que esta mezcla está deliciosa y es una alternativa estupenda al bocadillo de fiambre.

 INGREDIENTES:

1 RACIÓN

2 huevos

2 rebanadas de pan integral de buena calidad

4 cucharadas soperas de garbanzos cocidos, escurridos

¼ de aguacate, picado

1 puñado de espinacas baby, picadas

4-5 hojas de cebollino, picadas (o cilantro, perejil, albahaca... Lo que tengas a mano)

Unas gotas de zumo de lima

Un chorro de aceite de oliva virgen extra

Sal en escamas

Pimienta

 PREPARACIÓN:

- Mezcla en un bol los garbanzos con el aguacate y el cebollino picado.

- Añade un chorro de aceite de oliva, el zumo de lima y la sal. Mezcla bien y con la ayuda de un tenedor chafa un poco la mezcla. Prueba para ajustar el sabor.

- Añade un chorrito de aceite de oliva al pan, pon la mitad de las espinacas en la base, añade la mezcla de garbanzos y aguacate y cubre con el resto de las espinacas. Tapa el sándwich con la otra rebanada de pan y ¡a desayunar!

Sándwich vegetal de verdad

Es sorprendente ver la cantidad de lugares donde se sirven bocadillos o sándwiches «vegetales» cargados de pollo o atún. Algunos aún avisan en la carta con la coletilla «de atún», por ejemplo, pero para las personas que no comen animales, tener una opción que incluya proteína vegetal de calidad en la carta es de agradecer.

 ## INGREDIENTES:

1 RACIÓN

2 rebanadas de pan integral

1 loncha de tofu marinado

1 rodajas de tomate

2-3 rodajas de pepino

1 cucharada sopera de hummus

1 rabanito, a rodajas

Un puñado de rúcula

Un puñado de germinados

Aceite de oliva virgen

Sal y pimienta al gusto

Ingredientes para marinar un bloque de tofu de unos 375 g:

40 ml de vinagre de Módena

1 cucharada sopera de tomates secos picados, bien escurridos de aceite

1 cucharada sopera de aceite de oliva virgen extra

½ cucharada de postre de orégano seco

½ cucharada de postre de tomillo seco

½ cucharada de postre de cebolla en polvo

½ cucharada de postre de ajo en polvo

Una pizca de sal

 ## PREPARACIÓN:

• Para marinar el tofu, cortar el bloque en láminas de ½ cm de grosor, más o menos. Disponer las láminas en un recipiente de forma que quede distribuido en una o dos capas.

• Poner todos los ingredientes de la marinada en un vaso y remover bien con una cuchara. Verter el contenido en el recipiente con el tofu, asegurarse de que se distribuye bien por toda la superficie, cerrar el recipiente y guardar en la nevera.

• Cuando se vaya a preparar el sándwich, pasar una lámina de tofu por la sartén, con un poco de aceite. Asegurarse de que el tofu queda dorado por cada lado.

• Montar el sándwich untando ambas rebanadas de pan con hummus y colocando la rúcula, el tomate, el pepino, el rabanito, el tofu y los germinados.

El zumo de naranja,

¿ES TAN SANO COMO LO PINTAN?

La evolución del conocimiento en la ciencia de la nutrición de los últimos años nos ha puesto de manifiesto la relación que existe entre el consumo excesivo de azúcar y la salud. El consumo habitual de bebidas azucaradas, como refrescos, o bebidas para deportistas o energéticas ha aumentado desmesuradamente en las últimas décadas y su abuso se ha relacionado con un aumento de la obesidad y riesgo de diabetes tipo 2.

En este contexto, los zumos de frutas, incluidos los naturales, se han convertido en candidatos para engrosar esa lista de bebidas azucaradas poco recomendables para la salud. Los efectos de estas bebidas han recibido una atención considerable en los últimos años por parte de científicos, aumentando el número de estudios que relacionan el consumo excesivo de zumos con mayor riesgo de diabetes tipo 2 y obesidad. En consecuencia, muchas guías alimentarias empiezan a desaconsejar su consumo habitual.

El halo saludable que envuelve a las frutas y verduras se expande hasta productos derivados de las mismas, como zumos, batidos o *smoothies*. Así, los zumos de fruta se convierten en el contrapunto «saludable» de muchos desayunos desastrosos, dando la falsa sensación de que se está haciendo algo bueno, aunque nuestro desayuno esté cargado de grasas y azúcar.

■ LOS BENEFICIOS DE LAS FRUTAS (Y LAS VERDURAS) PARA LA SALUD

Una alimentación en la que predominan las frutas, verduras y hortalizas puede reducir el riesgo de enfermedad coronaria e infarto, algunos tipos de cáncer, disminuir los problemas digestivos y oculares, así como tener efectos positivos sobre la presión arterial y el control del azúcar sanguíneo, por no decir que las personas que basan su dieta en alimentos de origen vegetal tienen un peso más saludable. Casi nada.

Si bien no hay ningún vegetal que aporte todos los nutrientes que necesitamos para mantenernos saludables (en realidad, ningún alimento los aporta, excepto la leche materna para el bebé), comer una variedad de frutas, hortalizas y verduras cada día nos garantizará un aporte suficiente de sus nutrientes.

Pero la triste realidad es que en los países occidentales no se consumen suficientes frutas ni verduras. Si bien las recomendaciones oficiales pueden variar de un país a otro, la OMS aconseja consumir un mínimo de 400 g de frutas y hortalizas cada día. Déjame que lo repita: un *mínimo* de 400 g al día. Esto no quiere decir que no se deba superar esa cantidad; de hecho, hay evidencias de que un consumo aún mayor, como de 600 g diarios, puede beneficiarnos.

En España y otros países, este consejo se traduce en el famoso eslogan «cinco (raciones) al día», donde dos raciones corresponderían a verduras y tres a frutas. De nuevo, este eslogan hace referencia al consumo mínimo. Así como con algunos alimentos hay recomendaciones de consumo máximo, como vimos en el capítulo 6 con las carnes procesadas, en este caso cuanta más fruta y verdura comamos, mejor.

Pero seamos realistas. Las frutas y verduras no gozan precisamente de buena fama cuando hablamos de ellas desde el punto de vista culinario y gastronómico. Las razones para no consumirlas son variopintas, pero casi siempre se basan en la pereza, falta de ideas, unas habilidades culinarias limitadas y la percepción de que «eso no alimenta como un filete». Si eres de los que prefieren perderse en el pasillo de los *snacks*, en lugar de la frutería, aquí te dejo algunas estrategias que te pueden ayudar a reconciliarte con este saludable grupo de alimentos:

- Deja la fruta en un lugar visible donde sea fácil tomar una pieza.

- Márcate el reto de probar una fruta o verdura nueva cada mes. Puedes aprovechar las que están de temporada y buscar recetas sencillas que las incluyan como ingrediente principal.

- Haz que la mitad de tu plato esté ocupado siempre por verduras y hortalizas. Puedes incluir fruta también, pero es cierto que muchas personas no están acostumbradas a utilizarla como ingrediente culinario.

- Toma fruta como *snack*, cuando te entre el apetito, junto a otros alimentos saludables, como frutos secos.

- Incluye la fruta en tu desayuno diario. Para ello, sigue leyendo.

■ EL CONSUMO DE FRUTAS Y ZUMOS EN EL DESAYUNO

Desde el informe «Estado de situación sobre el desayuno en España», nos aseguran que las frutas «deben» aparecer en el desayuno. De nuevo, ese «deber» se convierte en una imposición que muchas personas no están dispuestas a seguir. Recuerda que no hay obligación de tomar ningún grupo de alimentos de forma específica por la mañana. Otra cosa es que, determinados alimentos, por su formato, preparación y consumo, sean más fáciles de incorporar en el desayuno. Obviamente, la fruta es uno de esos alimentos y cualquier momento es bueno para comer más cantidad, sobre todo si tenemos en cuenta los datos de consumo tan bajo.

Volviendo al mencionado informe, se desprende que solo el 21% de la población española toma fruta en el desayuno. Concretamente un 15% la toma en forma de fruta entera y un 6% en forma de zumo. Las cifras son más deprimentes cuando observamos los datos por grupos de población. En el caso de los niños de nueve a doce años, solo un 9% toma fruta fresca y un 11% zumos. Los datos de adolescentes no cambian mucho: un 11% consume fruta fresca por la mañana, y un 12% toma zumos y néctares. Hay que remarcar, de todas maneras, que los zumos de fruta no son los productos que más cantidad de azúcares aportan en el desayuno de estos grupos de población: los chocolates, la bollería y pastelería, los cereales de desayuno y el azúcar de mesa son los principales contribuyentes.

Los adultos y personas mayores de sesenta y cinco años tampoco se salvan. Si bien el consumo de zumos para desayunar no es significativo, el consumo de fruta fresca queda en tercer lugar por la cola, con un consumo del 15% de la población adulta y un 19% de las personas mayores. Como ves, tenemos mucho espacio para mejorar.

■ CARACTERÍSTICAS DE LOS ZUMOS DE FRUTA

Los zumos de fruta no son equivalentes, desde el punto de vista nutricional, a la fruta completa. Excepto cuando la trituramos entera, al exprimirla o licuarla la fruta pierde prácticamente toda la fibra y algunos nutrientes que quedan retenidos en ella, además de perder el efecto saciante que tiene la masticación.

Para comprender por qué los zumos no son la mejor opción frente a la fruta, vamos a empezar repasando su composición nutricional. El valor nutritivo de la fruta radica en su aporte de vitaminas y minerales, fibra y otros compuestos fitoquímicos. Si quitamos la fibra, nos quedamos con los dos componentes mayoritarios: el agua y los hidratos de carbono, los cuales están presentes en forma de azúcares (sacarosa, fructosa, glucosa y sorbitol). Estos azúcares, al perder la fibra, quedan de forma libre en el zumo, algo que no nos interesa desde el punto de vista nutricional. El contenido de proteínas y minerales es muy pequeño, y el de grasas y colesterol es nulo, al igual que ocurre con la fruta entera. A no ser que se les añada la pulpa, el contenido de fibra de los zumos es también nulo. Algunos zumos tienen cantidades muy elevadas de vitamina C, A, potasio y flavonoides, pero eso no da carta blanca para su consumo indiscriminado. Esos nutrientes se consiguen de sobra comiendo fruta y verdura entera sin los perjuicios del azúcar libre que acompaña al zumo.

Por otro lado, la capacidad saciante de los zumos de fruta es muy baja, sobre todo cuando se compara con una pieza de fruta entera. Para ello no necesitamos estudios científicos que lo demuestren; puedes hacer la prueba en casa. Mira a ver cómo te sientes cuando te bebes un zumo de tres naranjas y cuando te comes tres naranjas enteras. Seguro que, si lo piensas, ni siquiera necesitas hacer la prueba para responder que comerte tres naranjas de una sentada hará que te sientas atiborrado.

Los zumos de frutas naturales se convierten en un problema cuando desplazan el consumo habitual de fruta fresca o de agua como medio de hidratación. Además, sabemos que el consumo excesivo de zumos de fruta puede causar problemas intestinales, puesto que los azúcares que no se absorben pueden propiciar flatulencias, distensión abdominal y diarreas.

Por otro lado, la caries dental se ha asociado con el consumo de zumos de frutas. Una exposición prolongada al azúcar presente en los zumos es uno de los principales contribuyentes a la caries dental. Ahora, piensa en todos los niños que cada día se toman un zumo de *brick* al salir del colegio, o en cuántos bebés son calmados a través de biberones cargados de zumo. Normal que la caries dental se encuentre entre las principales enfermedades no transmisibles, junto con las cardiovasculares o la diabetes.

ASÍ COMO CON ALGUNOS ALIMENTOS HAY RECOMENDACIONES DE CONSUMO MÁXIMO, CUANTA MÁS FRUTA Y VERDURA COMAMOS, MEJOR.

■ MEJOR FRUTA ENTERA QUE ZUMO PARA DESAYUNAR

Una simple búsqueda en Internet de los términos «zumos para desayunar» nos da más de once millones de resultados de webs que proclaman, en su mayoría, las virtudes de empezar el día tomando zumos de fruta. Desde propuestas que aseguran que nos van a dar más energía, hasta recetas «secretas» que te aportan todos los nutrientes que necesitas al despertar, pasando por promesas «détox» que aseguran que te limpian por dentro. Es increíble la facilidad con la que estamos expuestos a mensajes poco rigurosos y, en ocasiones, peligrosos para nuestra salud.

Los expertos recomiendan no beber más de un vaso de zumo al día, y que este no sea muy grande (de unos 170 ml). Para sorpresa de muchos, esta recomendación incluye al zumo 100% natural hecho en casa. El motivo no es otro que el contenido de calorías y azúcares libres, que es prácticamente el mismo que el de un refresco. Los azúcares libres que se encuentran en un zumo de fruta, aunque sea natural, parecen tener el mismo efecto metabólico que el que tienen los azúcares de un refresco. De hecho, el tipo de azúcar es el mismo y, cuando este ingresa en nuestro cuerpo, no sabemos diferenciar si es azúcar proveniente de un zumo de naranja natural o de una bebida refrescante.

El efecto que tiene beberse un zumo de fruta en comparación con comerse la fruta entera no es el mismo. Por un lado, los zumos no estimulan la masticación y por otro, el azúcar que contienen entra rápidamente en nuestro torrente sanguíneo, tal y como se ha explicado en capítulos anteriores. Esto hace que el azúcar suba muy rápidamente y nuestro cuerpo tenga que reaccionar haciendo un «esfuerzo extra» produciendo insulina de más, que será la que se encargue de bajar ese azúcar. Como consecuencia, esa bajada brusca de azúcar (sobre todo si no se acompaña de otros alimentos ricos en fibra que puedan «amortiguar» esa subida) nos provocará más apetito, además de aumentar, a largo plazo, el riesgo de que nuestro cuerpo desarrolle una intolerancia a la glucosa, la cual se produce a causa de un consumo excesivo de azúcar durante mucho tiempo. De ahí que lo de desayunar un zumo de fruta y salir a casa tan campante no sea muy buena idea.

De nuevo, es importante contextualizar el consumo del zumo de fruta. Más arriba se ha comentado que, en caso de beber zumo de fruta natural, no es recomendable tomar más de 170 ml al día. Así, un vasito de zumo natural por las mañanas no te va a convertir en diabético, sobre todo si forma parte de un desayuno sano y el resto de tu alimentación es saludable con predominio de alimentos de origen vegetal. De hecho, recientemente se ha publicado un estudio en el que se comparaba el consumo de zumo de naranja en el contexto de un desayuno o tomado entre horas. Los investigadores observaron que el grupo de personas que tomaba el zumo entre horas tenía peores efectos metabólicos y almacenaron más grasa corporal que aquellas que consumieron el zumo como parte del desayuno. Pero por desgracia, como ya he comentado en anteriores capítulos, la población general sigue una alimentación que dista mucho de lo que consideraríamos saludable, con

lo que hacer recomendaciones en las que se posicione al zumo de fruta, aunque sea natural, como una bebida saludable puede ser contraproducente. Esto es así porque los zumos de frutas, aunque naturales, pueden crear la falsa seguridad de que se está consumiendo suficiente fruta. También puede darnos por pensar que estamos haciendo algo bueno por nuestra salud y desplazar la ingesta de otros alimentos saludables o, algo que tampoco es recomendable, utilizarlos como medidas compensatorias para «limpiar» nuestras conciencias cuando cometemos excesos, tal y como veremos a continuación.

■ LOS *SMOOTHIES*, EL *JUICING*, LOS BATIDOS DÉTOX Y OTRAS MARAVILLAS DE LA PSEUDOCIENCIA

Quien a estas alturas no sepa lo que es un *smoothie*, un *healthy juice* o un batido *détox* es que vive en una realidad paralela a la que quiero que me invite. Desde hace casi una década estamos bombardeados por las supuestas bondades de batidos o zumos de frutas y verduras, normalmente promocionados por famosos e *influencers*, los cuales se venden con promesas depurativas y adelgazantes a precios desorbitados.

De todos los mitos alrededor de la alimentación, el de los batidos *détox* y los zumos verdes es, quizás, de los más difíciles de desterrar del imaginario colectivo. Porque claro, si las frutas y verduras son sanas y debemos comer más cantidad, ¿cómo va a ser malo beberse un zumo o una mezcla de distintos vegetales por la mañana? Y si ya acompaño ese batido con eslóganes que aclaman supuestas propiedades saludables, como que me limpia y detoxifica, ¿por qué va a ser malo hacerlo?

La idea del *juicing* o alimentarse a base de zumos para potenciar la salud se inició hace casi un siglo, en la década de 1930. Por aquella época hubo un señor llamado Norman Walker que decidió, no se sabe bien por qué, que tal práctica te acercaba al paraíso nutricional. Ese hombre, que se autodenominaba «doctor» sin tener estudios de Medicina, desarrolló una maquinita para hacer zumos que aún se vende hoy día a un precio de 2.595 dólares. No hay nada como tener visión de negocio para acercarse al paraíso nutricional y económico, sobre todo para quien se inventa semejante patraña.

Sobre los batidos y zumos *détox*, sus defensores argumentan que ayudan al cuerpo a eliminar y limpiar las toxinas, pero es curioso que cuando se les pide que expliquen qué tipo de toxinas se eliminan y cómo se hace, no sepan contestar más que con evasivas y argumentos pseudocientíficos. A continuación, os daré la respuesta que tenéis que dar cuando alguien os intente vender un plan *détox* de una semana por 250 euros. El cuerpo humano (y el del resto de animales) dispone de los mecanismos necesarios para eliminar las toxinas y los residuos que se generan en su interior. De hecho, todos los seres vivos disponen de mecanismos para eliminar toxinas y compuestos indeseables sin la ayuda externa de batidos ni zumos. Desde las bacterias, hasta los elefantes. En los mamíferos, estos mecanismos son llevados a cabo por dos órganos bien conocidos: el hígado y los riñones. Pero, además, tanto la piel como los pulmones son capaces de deshacerse de aquellos compuestos indeseables sin necesidad de beber zumos ni batidos detoxificantes. Así es como lo hemos hecho desde el origen de los tiempos y tampoco nos ha ido tan mal.

No es malo tomarse un batido de vez en cuando. Es una forma más de consumir vegetales y una manera de añadir variedad a nuestra alimentación. De hecho, no hay batido de vegetales más famoso que el gazpacho, y nadie lo mete dentro de las listas de batidos *détox*, ni te lo venden en esos programas de «limpieza» o «reset» a precios desorbitados. Desde el punto de vista nutricional estos batidos están bien, pero nada más, no tienen propiedades mágicas ni extraordinarias. A ver qué diferencia hay entre comerse una manzana, medio aguacate y un puñado de espinacas en un plato en forma de ensalada o triturado en una bonita jarra individual decorada con semillas de chía. Ya te lo digo yo: ninguna. Bueno, sí, que la batidora ha hecho el trabajo que tendrían que haber hecho tus dientes, con lo que volvemos a lo de siempre: el efecto saciante del batido será menor porque perdemos el efecto mecánico de la masticación.

El famoso zumo de limón en ayunas es otra de las maravillas de la pseudociencia matutina. Hay muchas personas que creen a pies juntillas que beberse un vaso de zumo de limón con el estómago vacío les va a hacer mucho bien. Los hay que lo mezclan con agua, incluso algunos con agua tibia, pensando que su ingesta les va a limpiar por dentro, les va a disolver la grasa sobrante y no sé cuántas maravillas más. Lo que parecen no saber esas personas es que el único efecto demostrado por la ciencia que tiene beber zumo de limón en ayunas cada mañana es que erosiona el esmalte dental, al igual que los *smoothies*. Porque sí, querido lector, el abuso de batidos y *smoothies* también erosiona el esmalte dental.

Unas semanas de dieta extrema a base de licuados, zumos y batidos no exonera nuestros malos hábitos dietéticos ni de estilo de vida de los últimos años. Tomar conciencia de seguir una alimentación más saludable con alimentos enteros, basados en vegetales y cocinados en casa es la mejor inversión en nuestra salud. Y recuerda que, si estuvieras intoxicado, tendrías síntomas tan graves que te llevarían de cabeza al hospital.

■ LOS RIESGOS DE LOS BATIDOS VERDES

Dentro de la categoría de zumos y batidos, hay una sección que llama especialmente la atención por la rapidez con la que ha crecido en los últimos años: los batidos verdes o *green smoothies*. Estos batidos, elaborados con vegetales de color verde intenso, como espinacas, acelgas, perejil, diente de león o kale (que no es otra cosa que col rizada), han sido el *boom* del negocio de la alimentación saludable.

Todos estos alimentos, con excepción del kale, son ricos en ácido oxálico, un componente que aparece de forma natural en los vegetales. La ingesta excesiva de este ácido origina piedras de oxalato cálcico en el riñón, con lo que el abuso de estos batidos verdes puede poner en riesgo la salud de nuestros riñones. Además, este ácido siente una particular afinidad por el calcio y el hierro de los alimentos, de forma que los secuestra y no los deja disponibles para que los absorbamos.

El ácido oxálico se reduce considerablemente cuando estos alimentos se cocinan, pero dada la tendencia a consumir alimentos crudos y batidos verdes, existe una preocupación real por las consecuencias que el consumo de este tipo de preparaciones pueda tener sobre la salud. Por ejemplo, en Alemania, se ha observado que los casos de piedras en el riñón se han duplicado entre 2005 y 2013, en parte causado por el consumo de vegetales ricos en ácido oxálico. Hace poco se ha publicado el primer caso documentado de una persona que desarrolló enfermedad renal crónica como consecuencia de un programa de «limpieza» de diez días a base de batidos verdes.

DE TODOS LOS MITOS DE LA ALIMENTACIÓN, EL DE LOS BATIDOS *DÉTOX* Y LOS ZUMOS VERDES ES DE LOS MÁS DIFÍCILES DE DESTERRAR DEL IMAGINARIO COLECTIVO.

Pero ahí no termina la cosa. En el año 2015, la Autoridad Europea de Seguridad Alimentaria (EFSA) publicó un informe en el que se identificaban dieciocho riesgos potenciales para la salud de los europeos. La publicación de este tipo de informes sirve para que las autoridades puedan hacer seguimiento y anticiparse a las posibles consecuencias de que esos riesgos potenciales se conviertan en reales. Nunca imaginarás qué peligro potencial se encuentra en esa lista: los batidos verdes.

Así, el susodicho informe concluye que el consumo de estos *green smoothies* podría aumentar el riesgo de piedras en el riñón y de desmineralización ósea y anemia, todo por culpa de la ingesta excesiva de ácido oxálico, además de incrementar también excesivamente la ingesta de nitratos. Tampoco hay que dejar de lado que estas preparaciones se hacen en crudo y que una conservación deficiente puede favorecer el crecimiento de microorganismos patógenos.

■ Y ENTONCES, ¿QUÉ BEBO POR LA MAÑANA?

Es cierto que cuando nos levantamos es aconsejable ingerir algún tipo de líquido (agua, preferentemente), puesto que nos levantamos algo deshidratados. No es una deshidratación grave que nos tenga que preocupar, pero me parece una buena rutina, mucho mejor que la de beberse el desagradable zumo de limón en ayunas. Aprovecho la oportunidad para recordarte que la mejor manera de hidratarse es bebiendo agua. Ni más ni menos. Y bebiendo el agua que te pida el cuerpo. También es posible «masticar» agua cuando se consumen alimentos ricos en ella, como las frutas y hortalizas.

Por las mañanas puedes beber, además de agua, infusiones, café, leche, bebidas vegetales y sí, obviamente, también puedes beber un zumo, pero recuerda que hay mejores opciones para beneficiarte de las frutas e hidratarte.

Respecto a los batidos, pueden ser una buena opción como desayuno para llevar cuando no se tiene tiempo de desayunar en casa. Puedes dejarlos preparados la noche anterior, extremando la higiene y asegurándote de que incluyes una buena dosis de vitamina C a base de limón, naranja o lima, por ejemplo, para evitar la oxidación de los ingredientes. Que sea una buena opción no significa que sea la única para desayunar cuando no se tiene tiempo. Recuerda que, al igual que en la comida y en la cena, es importante variar el uso de alimentos saludables y que el consumo de batidos debería ser ocasional.

■ CONSEJOS PARA INTRODUCIR MÁS FRUTAS Y HORTALIZAS EN EL DESAYUNO

Comer la fruta entera, lavada y pelada, si procede, es la mejor manera de consumir estos importantes alimentos a cualquier hora. Por supuesto que existen formas más creativas, diferentes y deliciosas de tomar fruta por la mañana. Todo ello dependerá de tus gustos y del tiempo que tengas para prepararlas. Veamos algunas ideas para que te resulte más sencillo introducir las frutas a primera hora del día:

- Ten fruta fácil de consumir a la vista, según la temporada: plátanos, manzanas, peras, melocotones, nectarinas, ciruelas, mandarinas… Son todo frutas que puedes tener en un frutero a la vista en la cocina o en la mesa del comedor y que únicamente tendrás que tomar cuando quieras consumirlas.

- Durante los meses de calor, puedes tener la fruta en la nevera y sacar unas pocas piezas fuera, para que no maduren todas a la vez.

- Las frutas grandes, como sandía, melón, piña, mango o papaya, déjalas ya cortadas en recipientes herméticos en la nevera.

- Con la fruta pequeña, como fresas, frambuesas, cerezas o arándanos, puedes hacer lo mismo. Las que sean más delicadas, como fresas, frambuesas o arándanos, es conveniente que las tengas en recipientes amplios para que no se chafen y dentro de una bolsa de papel con agujeros para que «respiren» y no maduren tan rápido.

- Si preparas algún batido ocasional, procura combinar fruta con hortaliza y algún fruto seco o cereal tipo avena. De esta manera estarás disminuyendo la cantidad de azúcar libre y aumentando la presencia de fibra y nutrientes. Recuerda no abusar de los batidos con hojas verdes ricas en oxalatos.

- Puedes hacer fruta asada o a la plancha, como manzanas, peras, ciruelas, melocotones… Las puedes guardar en recipientes herméticos y utilizarlas como *toppings* de tus boles de cereales o yogur.

¡A PRACTICAR!
....

Granizado de piña y menta

Beber algo refrescante por la mañana se agradece mucho, ¡sobre todo durante los meses de calor! Esta receta es tan fácil como poner todos los ingredientes en una batidora potente de vaso, darle al botón y servir.

 INGREDIENTES:

4 VASOS

400 g de piña madura natural, pelada y sin el corazón*

Las hojas de 4 ramas de menta

1 vaso de agua

El zumo de ½ limón (opcional, dependerá de lo madura que esté la piña)

5-6 cubitos

*Si tienes una batidora potente puedes incluir el corazón para aumentar el contenido de fibra.

 PREPARACIÓN:

• Poner todos los ingredientes en una batidora de vaso y triturar hasta que quede una consistencia homogénea, pero con un punto de granizado.

• Servir en los vasos y decorar, si se quiere, con unas hojas de menta.

Ensalada de fruta tropical

Puedes dejar esta ensalada preparada la noche anterior o hacerla el fin de semana durante las vacaciones de verano. Además, puedes adaptarla a las frutas de la temporada en la que te encuentres.

 INGREDIENTES:

4 PERSONAS

1 piña natural, madura

1 mango, pelado y cortado a dados

½ papaya pelada y cortada a dados

2 plátanos, pelados y cortados a rodajas

½ coco troceado

100 ml de leche de coco

Unas hojas de menta picadas

PREPARACIÓN:

- Cortar la piña por la mitad y vaciarla con la ayuda de un cuchillo tipo puntilla y una cuchara.

- Cortar la pulpa de la piña a trozos regulares y reservar la mitad.

- Triturar la otra mitad con la leche de coco hasta obtener una consistencia homogénea.

- Rellenar las dos mitades de la piña con las frutas y bañar con el batido de piña y coco.

- Espolvorear con la menta picada y servir.

tostadas de ricota y frutas variadas

Una manera diferente de tomar más fruta en el desayuno es utilizándola como topping para tostadas dulces. Prueba estas combinaciones y quédate con la que más te guste.

INGREDIENTES:

4 PERSONAS

4 rebanadas de pan alemán

Frutas variadas de temporada cortadas

4 cucharadas soperas de ricota

1-2 gotas de esencia de vainilla

Canela

PREPARACIÓN:

• En un bol, mezclar la ricota con la esencia de vainilla.

• Untar cada rebanada de pan con la ricota de forma generosa.

• Añadir encima de la ricota la fruta que más te guste.

• Puedes terminar añadiendo un poco de canela por encima.

Fruta asada con nueces de macadamia y yogur

Esta es una receta muy versátil, pues puedes utilizar las frutas que desees, además de otros frutos secos. Para darle más sabor, sustituye las dos cucharadas de mantequilla por una cucharada de aceite de coco y otra de mantequilla de cacahuete. Asa tandas grandes de frutas y guárdalas en la nevera hasta 3-4 días.

 INGREDIENTES:

4 PERSONAS

300 g de yogur griego

100 g de arándanos

2 manzanas, cortadas en gajos

1 pera, laminada

1 plátano, pelado y cortado a rodajas

2 puñados de nueces de macadamia crudas

1 cucharada sopera de miel

20 g de mantequilla

El zumo de 1 limón

1 cucharada de postre de canela molida

1 cucharada de postre de jengibre molido

¼ de cucharada de postre de nuez moscada rallada

 PREPARACIÓN:

- Precalentar el horno a 150 °C.

- Mezclar las frutas en un bol grande con el zumo de limón.

- En un cazo, derretir la mantequilla y la miel. Incorporar las especias, remover bien y verterlo en el bol de frutas, asegurándose de que estas queden bien recubiertas por toda la mezcla.

- Poner la fruta en una bandeja para horno y hornear durante 30 minutos.

- Añadir las nueces de macadamia cuando queden 15 minutos y mezclar bien para que se repartan uniformemente. Devolver la bandeja al horno y terminar de hornear.

- Una vez horneada, dejar que la fruta se enfríe un poco y servirla en boles con yogur griego.

Batido verde «no~détox»

No he podido evitar la tentación de que este libro lleve un batido verde.
A ver si con el apellido «no-détox» vamos derribando mitos y normalizamos
el uso de los alimentos sin ponerles apellidos mágicos.

 INGREDIENTES:

4 PERSONAS

2 manzanas verdes medianas,
lavadas y cortadas a trozos

1 aguacate maduro

1 puñado de espinacas

4 cucharadas soperas de copos de avena

3 vasos de bebida de coco

El zumo de 1 limón

Para decorar: Fruta troceada, semillas,
frutos secos, coco deshidratado

 PREPARACIÓN:

- Poner todos los ingredientes
en una batidora de vaso,
y triturar hasta obtener una
consistencia homogénea.

- Servir en boles y decorar
con frutas, semillas o frutos
secos si se desea.

Makis de plátano y crema de cacao

Es una forma divertida de presentar una combinación tan deliciosa como es el plátano con chocolate. Quedan geniales en un desayuno con amigos y hasta los más pequeños se animarán a prepararlos; ya verás qué éxito.

 INGREDIENTES:

4 PERSONAS

2 tortillas mexicanas o wraps

2 cucharadas soperas de coconella o crema de cacao*

2 plátanos no muy maduros

* Las cremas de cacao del mercado son muy ricas en azúcar, así que es preferible que la hagas tú en casa. Puedes seguir la receta de coconella de la página 53 y sustituir la leche de coco por aceite de oliva.

PREPARACIÓN:

- Untar las tortillas o los *wraps* con la coconella. Si se utilizan tortillas de maíz, calentarlas ligeramente en la sartén, siguiendo las instrucciones del fabricante.

- Untar las tortillas o los *wraps* con la coconella. Colocar un plátano en cada una de las tortillas y enrollar.

- Cortar el rollito en piezas de unos 2-3 cm de grosor y servir.

Burritos arcoíris

Estos burritos se pueden preparar con las frutas que se deseen.
Busca combinaciones en las que contrasten las texturas, los colores
y los sabores ácidos y dulces. Puedes añadirle un poco de granola
para darle un toque crujiente y de sabor.

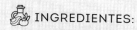 INGREDIENTES:

4 PERSONAS

4 tortillas de maíz o wraps

4 cucharadas soperas de yogur griego

1 plátano pelado y cortado a rodajas

*1 manzana limpia y cortada a
trozos regulares*

1 mango cortado a trozos regulares

2 kiwis cortados a rodajas

100 g de fresas

Canela al gusto

PREPARACIÓN:

- Poner toda la fruta en un bol
  y mezclarla bien.

- Si se utilizan tortillas de maíz,
  calentarlas ligeramente en la sartén,
  siguiendo las instrucciones del
  fabricante.

- Una vez pasadas por la sartén, dejar
  que se enfríen y untarlas con el yogur.

- Añadir varias cucharadas soperas de
  fruta y enrollar el burrito, cerrando
  bien los extremos.

Leche, yogur

Y LÁCTEOS AZUCARADOS

Los lácteos son uno de los grupos alimentarios que más pasiones levanta. Desde detractores que califican la leche como uno de los «venenos blancos» hasta defensores a ultranza que afirman que, sin lácteos, la salud de nuestros huesos está comprometida.

En el caso de este grupo de alimentos, podemos decir que ni tanto ni tan poco. El consumo de lácteos puede ser saludable si se hace en determinadas condiciones y contexto, de la misma manera que consumir demasiados lácteos puede no aportar ningún beneficio extra, sobre todo en las condiciones en que se realiza en la mayoría de los países occidentales.

■ HISTORIA DEL CONSUMO DE LÁCTEOS

La historia del consumo de la leche y sus derivados es especialmente interesante por las consecuencias que ha tenido en el desarrollo de algunas poblaciones y sociedades actuales. Para los científicos especializados, el consumo de leche supuso una revolución en la historia de la Humanidad, similar a la que supuso la del cultivo de los cereales. Entender el contexto en el que nos iniciamos en el consumo de lácteos es importante para comprender el impacto actual que tienen en nuestra salud, gastronomía y cultura.

Aunque hablaremos más adelante de la intolerancia a la lactosa y sus consecuencias, es importante aclarar que los humanos, y también el resto de los mamíferos, nos volvemos intolerantes a la lactosa en la edad adulta. A partir de que los bebés son destetados, la producción de lactasa, la enzima que se encarga de digerir la lactosa, decrece hasta casi detenerse. Es como si el gen que se encarga de codificar esta enzima se desconectara y no fuese capaz de seguir trabajando. Que esto ocurra tiene su lógica, puesto que los mamíferos en la edad adulta jamás van a encontrarse en la naturaleza con alimentos que contengan lactosa. Así, no tiene mucho sentido que el organismo destine recursos en producir algo que no va a ser utilizado. De hecho, en el mundo, un 65% de la población es intolerante a la lactosa. Las poblaciones que mejor toleran la lactosa se encuentran en Europa, Oriente Medio, este de África y sur de Asia. ¿Qué ocurrió para que una pequeña parte de la población mundial pueda beber leche sin notar los desagradables síntomas de la intolerancia a la lactosa? La respuesta se encuentra en los genes.

Antes de que llegase el Neolítico, la única leche que bebían los humanos era la proveniente de la lactancia materna. Solo después de la domesticación de los animales se hizo posible disponer de su leche como fuente de nutrientes. Así, hace once mil años, cuando comenzó la agricultura y la ganadería en el Neolítico, los pastores de ganado aprendieron a reducir la lactosa de la leche, fermentándola. Como consecuencia, la leche, un producto que ponía enferma a la gente porque no podía digerirla, se hizo tolerable gracias a la fermentación de las bacterias, las cuales transforman la lactosa en ácido láctico. Obviamente, ellos no entendían lo que le ocurría a la leche, pero descubrieron que, si bien no podían tomarla tal y como salía de las ubres de los animales, sí podían consumirla una vez había pasado un proceso por el cual esta se acidificaba.

Varios miles de años después apareció una mutación en el genoma humano que permitió que algunas poblaciones pudieran beber leche sin sufrir distensión abdominal, flatulencias ni diarrea. Se volvieron tolerantes a la lactosa. Este hecho marcó un hito evolutivo crítico, puesto que pudo suponer una ventaja para aquellos que podían aprovecharse de beber leche frente a los que no podían. En unos pocos miles de años, la tolerancia a la lactosa creció de 0 a casi el 100% de la población en el norte de Europa, algo que desde el punto de vista evolutivo es considerado un espacio de tiempo muy, muy corto. Las evidencias sugieren que la selección natural actuó en este caso, lo cual plantea a los investigadores la siguiente cuestión: ¿por qué beber leche ha sido tan sumamente ventajoso para estas poblaciones cuando, miles de años antes, ya tenían acceso a su valor nutritivo en forma de leche fermentada y quesos? Algunos expertos sugieren que migrar hacia el Norte con ganado era una forma de combatir la hambruna, ya que los lácteos aportarían nutrientes esenciales independientemente de que las cosechas fueran buenas o no. Otros teorizan sobre la presencia de vitamina D en la leche, la cual pudo ser de ayuda cuando las poblaciones neolíticas se movieron hacia el norte de Europa, donde la incidencia solar es menor. Y también hay quien cree que la leche pudo ser la fuente principal de hidratación durante las migraciones al Norte cuando el acceso al agua no era posible. Sea cual sea el motivo, aún es desconocido para nosotros.

Los pastores del Neolítico transportaban la leche en bolsas hechas con intestinos de animales. El contacto de la leche con el intestino hacía que esta coagulara y se acidificara, transformando su sabor y textura. La acidificación también cambiaba su durabilidad, con lo que las leches fermentadas aguantaban mucho más tiempo que la leche fresca. Así fueron los inicios del yogur y el queso, alimentos muy antiguos que viajaron a través de diversas culturas en el tiempo, desde Oriente Medio hasta Asia y Europa.

Nuestros antepasados no solo eran capaces de aprovechar el valor nutricional de la leche en forma de yogur, sino también de producir queso. Las evidencias más antiguas de producción de queso conocidas hasta la fecha datan, aproximadamente, del 7000 a.C. y se localizan en un asentamiento de la actual Polonia. Es probable que aquellos pastores que eran capaces de acidificar la leche descubrieran que escurriendo ese «yogur» y añadiendo sal se podía conservar la leche durante mucho más tiempo. En algún momento, a alguien se le debió de ocurrir poner esa mezcla escurrida y salada de nuevo en el interior de los estómagos de los animales, dando lugar a un cambio en la textura y a una especie de queso rudimentario. La explicación a tal transformación es sencilla: los estómagos de los animales poseen una enzima llamada «quimosina», la cual rompe la caseína, una de las proteínas lácteas, haciendo que coagule. Tradicionalmente se ha utilizado el cuarto estómago de los animales rumiantes para realizar este paso en la producción de queso, de ahí que se denomine «cuajo» tanto al cuarto estómago como al producto que se encarga de hacer la cuajada.

■ LOS LÁCTEOS EN EL DESAYUNO

El consumo de leche está muy instaurado en el desayuno europeo. Según el informe del desayuno al que se ha hecho referencia durante todo el libro, un 81% de la población española encuestada consumía leche en el desayuno, siendo la semidesnatada la predominante, seguida por la entera y la desnatada.

Pese a la gran variedad de derivados lácteos que podemos encontrar en los lineales de los supermercados, tan solo un 10% de la población consume quesos por la mañana, un 8% yogures (principalmente azucarados) y un 3% otros lácteos, los cuales son postres azucarados en su mayoría.

Cuando prestamos atención a los hábitos de consumo de la población infantil de nueve a doce años, observamos que la leche es el principal alimento consumido en el desayuno. Casi la mitad de los niños toma leche entera y la otra mitad, semidesnatada. Un 10% la toma desnatada.

En adolescentes el patrón es similar al infantil, aunque se empieza a observar un cambio en la pauta de consumo en este grupo de población, disminuyendo el de leche entera y semidesnatada, y aumentando el de desnatada. Esta tendencia se consolida en la edad adulta, donde el consumo de leche semidesnatada pasa a ser la predominante, seguida por la desnatada y, en último lugar, la entera.

De nuevo, muchas guías alimentarias incluyen los lácteos como un alimento a incorporar en el desayuno saludable. Recordemos que la tríada lácteo-cereal-fruta no tiene por qué ser un patrón fijo y mucho menos saludable, ya que no nos dice nada de la calidad de los alimentos que pretende incluir. Tomar lácteos en el desayuno puede ser una buena práctica si se escogen las variedades adecuadas, además de prestar atención a la cantidad consumida. Hablaremos de todo ello más adelante, pero de nuevo, quiero recordarte que no pasa nada si no tomas lácteos en el desayuno y lo haces en otro momento del día. Más aún, tampoco pasa nada si decides dejar de consumir lácteos. Hay otras maneras de obtener los nutrientes que aportan pero, ya que este capítulo está dedicado a este grupo de alimentos, sigamos haciendo un repaso sobre los tipos, efectos sobre la salud y alternativas a su consumo.

■ TIPOS DE LÁCTEOS

Como ya hemos visto, la versatilidad que ofrece la leche a la hora de elaborar subproductos a partir de ella no pasó desapercibida por los primeros pastores. Las diferentes transformaciones que podía seguir la leche abrieron un mundo de posibilidades alimentarias para las primeras civilizaciones que ha perdurado hasta la actualidad. Si no, date un paseo por un supermercado y revisa bien los lineales de leches, yogures, quesos y derivados lácteos. Veamos brevemente cuáles son los productos que se pueden elaborar a partir de la leche y qué características presentan:

Leche: La leche cruda, tal y como sale de las ubres del animal, no es recomendable para el consumo humano. Pese a que existe una tendencia a poner en valor el consumo de leche cruda, los riesgos que entrañan para la salud son enormes si no se ordeña la vaca en extremas condiciones higiénicas. Así, es recomendable consumir leche que haya sido esterilizada o pasteurizada. Esta última, la leche pasteurizada, que se comercializa con la

denominación de «leche fresca», conserva mejor los nutrientes y el sabor
original de la leche, pero, como contrapartida, tiene una duración corta y
debe conservarse siempre en frío. La leche puede pasar por muchos procesos
para dar distintas variedades, desde las conocidas leches semidesnatada y
desnatada, a la leche evaporada, condensada (a la que se le añade azúcar)
o en polvo, pasando por una gran variedad de leches a las que se les han
añadido nutrientes extra como calcio, vitamina D, omega 3, fibra y otros
componentes. Lamentablemente, no hay evidencias de que la adición de
estos nutrientes tenga beneficios para la salud. En realidad, suelen ser
estrategias de marketing que hacen que el consumidor perciba el producto
con un valor añadido, el cual no es real en la mayoría de los casos. Esto es así
porque en muchas de ellas la presencia del nutriente al que hacen referencia es anecdótica,
como es el caso de las leches con omega 3, de las cuales deberías beberte varios litros para
conseguir la misma cantidad de omega 3 que hay en una sardina, por ejemplo.

Yogur y otras leches fermentadas: Es probable que el nombre «yogur» provenga de la
palabra turca *yogurmak*, que significa «coagulado» o «espeso». El yogur se hace calentando
la leche primero y fermentándola luego con bacterias durante unas horas. Estas bacterias
son *Lactobacillus bulgaricus* y *Streptococcus termophilus*, las cuales utilizan la lactosa
como alimento y la transforman en ácido láctico. El ácido láctico reduce el pH de la leche,
provocando que las proteínas coagulen y den lugar a la típica consistencia del yogur.
El proceso de fermentación es complejo, pero gracias a él se produce toda una serie de
compuestos que aportan las conocidas características nutricionales, de sabor, aroma y textura.
La leche puede ser fermentada por otras bacterias, dando lugar a productos ligeramente
diferentes, como la *creme fraîche* francesa, el *filmjölk* sueco o el *viili* finlandés. Cuando en la
fermentación participan levaduras, además de bacterias, se producen pequeñas cantidades de
alcohol, como ocurre con el *kéfir* o el *koumiss*, muy típicos de Asia central. Cuando el yogur se
«cuela» para eliminar el exceso de suero da lugar al famoso yogur griego, al *skyr* islandés o al
labneh de Oriente Medio, los cuales son mucho más densos que el yogur tradicional.

Quesos: En la elaboración del queso se utilizan cinco ingredientes: leche, cuajo, bacterias,
sal y tiempo. Se trata de un complejo proceso donde la combinación de los ingredientes
da lugar a resultados muy diferentes. Este hecho queda patente en la gran variedad de
quesos que hay en el mundo, desde los sencillos quesos frescos, como el requesón o la
mozzarella, a quesos mucho más complejos en sabores y aromas, como los curados o azules.
La producción de queso se inicia con una ligera fermentación de la leche gracias a diferentes
bacterias. Posteriormente, las proteínas de la leche se coagulan utilizando cuajo y el ácido
láctico que se ha producido en el primer paso. Durante este proceso se separa el suero de

NO PASA NADA SI NO TOMAS LÁCTEOS EN EL DESAYUNO Y LO HACES EN OTRO MOMENTO DEL DÍA.

las proteínas, quedando concentradas en la cuajada. Una vez obtenemos esta, se escurre, moldea y sala para dejarla reposar durante el tiempo que el quesero determine, según el tipo de queso que se elabore. La maduración del queso es fundamental para el desarrollo final de sabores y aromas.

Nata y mantequilla: La nata es una parte especial de la leche entera, la cual se obtiene dejándola reposar hasta que la grasa queda en la superficie. Se obtiene, así, un líquido cremoso rico en grasas, que se pasteuriza y debe mantenerse en frío. En el mercado es posible encontrar natas con diferente proporción de grasa, según la utilidad que se le quiera dar. Así, las natas para montar deben tener entre un 30% y un 45% de materia grasa, mientras que las de cocina suelen tener una cantidad menor. A partir de la nata, se hace la mantequilla, expresión máxima de la grasa láctea. Para ello, se bate la nata durante un tiempo para que los glóbulos de grasa se rompan y esta quede libre. Así, la grasa se va uniendo formando gránulos más o menos grandes que pueden recogerse. Cuando esto ocurre, se elimina la fase acuosa de la nata quedando una especie de granos de grasa, que se lavan y amasan para dar forma a los bloques de mantequilla.

Postres lácteos: Si bien es difícil definir este grupo de lácteos, se caracterizan por ser productos altamente procesados, con gran cantidad de azúcar y grasa en la mayoría de las ocasiones. Se trata de productos tipo natillas, flanes, púdines, cremas de queso con mermeladas, mousses… Son alimentos que no aportan ninguna ventaja nutricional ni valor gastronómico, salvo algunas excepciones, como podrían ser el caso de algunos postres tradicionales caseros. En cualquier caso, se trata de alimentos que no deben formar parte de nuestra lista de la compra, ni mucho menos de nuestro desayuno.

■ COMPOSICIÓN NUTRICIONAL DE LOS LÁCTEOS

Hablar de la relación entre lácteos y salud daría para un libro entero. Son numerosos los estudios que se han realizado para evaluar el impacto que su consumo tiene sobre el organismo, y la controversia ha estado presente desde los últimos años. ¿Es cierto que la grasa de la leche sube el colesterol? ¿Qué hay de la relación entre el consumo de leche y unos huesos fuertes? ¿Es verdad que el yogur ayuda a la salud intestinal? A continuación, veremos algunas de las características nutricionales más relevantes de los lácteos y su impacto sobre la salud.

Empecemos repasando la composición nutricional de los lácteos. Es cierto que es muy «completa», pero lo es para las crías para las que está diseñada. La leche de vaca contiene proteínas de alto valor biológico, con una interesante composición de aminoácidos esenciales, además de lactosa, grasas, calcio, magnesio, fósforo, zinc, vitaminas A, D y del grupo B. Así, aporta una gran cantidad de nutrientes para el desarrollo del ternero recién nacido, pero no para los humanos. La leche de vaca es pobre en hierro y vitamina C, además de que sus proteínas pueden ser alergénicas para los bebés menores de doce meses. Es por eso que no se recomienda su uso hasta pasado el año de vida.

Cuando procesamos la leche para hacer yogur y queso, estamos modificando la composición nutricional de la misma. Así, las leches fermentadas tienen un contenido reducido de lactosa, la cual es transformada en ácido láctico por los microorganismos que se les añaden. Sin embargo, no solo la lactosa se ve modificada, sino que las proteínas y grasas también son utilizadas por las bacterias fermentativas, dando lugar a un producto de mejor digestibilidad y con nutrientes más biodisponibles. En el caso del queso, como ya hemos visto, los procesos fermentativos y de cuajado hacen que obtengamos un producto bajo en lactosa y rico en proteínas y grasa, pero también en sal en la mayoría de los casos.

■ LÁCTEOS Y SALUD ÓSEA

El consumo de lácteos se ha relacionado con numerosos beneficios para la salud, pero, si bien un consumo moderado puede ser recomendable, su abuso puede llegar a desplazar, en ocasiones, a alimentos muchos más aconsejables.

Tradicionalmente los lácteos se han asociado con la salud ósea. Esto es así debido al alto contenido en calcio que presentan, el cual los ha convertido en una fuente «fácil» de este mineral. Pero eso no quiere decir que sea la única. Es cierto que los lácteos son la principal fuente de calcio de la alimentación occidental, pero recordemos que hay un 65% de la población mundial que es intolerante a la lactosa, con lo que su consumo de lácteos es probable que sea nulo o muy bajo. Así, estas poblaciones obtienen el calcio de otras fuentes alimentarias, además de tener la absorción de calcio intestinal adaptada a la baja ingesta.

Pese a que la relación calcio-salud ósea aún persiste en el imaginario colectivo, hoy sabemos que un mayor consumo de calcio no se relaciona con una mejor salud ósea. La salud de los huesos está orquestada también por otros factores y no cuidar de ellos empeorará la salud de nuestros huesos por mucho calcio que tomemos. Así, una presencia adecuada de vitaminas D y K ayudará a que el calcio se fije en los huesos. El magnesio es otro mineral que forma parte de nuestra masa ósea y pocas veces lo tenemos en cuenta. Por otro lado, es bien sabido que el exceso de sodio favorece la excreción de calcio y, como consecuencia, la densidad mineral ósea disminuye. El tabaco, el abuso del alcohol y la falta de ejercicio son otros factores que contribuyen a desmineralizar el hueso. Así pues, de nada sirve realizar una ingesta muy elevada de calcio, ya sea a través de lácteos o suplementos, si fumamos, abusamos del alcohol y de alimentos ricos en sodio, no hacemos actividad física y no consumimos frutas y verduras de forma abundante, ya que son ricas en magnesio y vitamina K (esta última, presente sobre todo en verduras de hoja verde).

■ LÁCTEOS Y SALUD CARDIOVASCULAR

Otro de los efectos controvertidos de los lácteos es el que, supuestamente, tienen sobre el colesterol y la enfermedad cardiovascular. Los últimos estudios apuntan a que, aunque los lácteos poseen un contenido relativamente elevado de grasas saturadas, los efectos que tiene su consumo sobre la salud cardiovascular son neutrales o ligeramente positivos. También algunos estudios apuntan a beneficios potenciales de productos lácteos como el yogur y algunos quesos en el riesgo de sufrir diabetes tipo 2, los cuales parecen estar relacionados con el tipo de grasas que aportan. Así, la demonización a la que hemos sometido a la grasa láctea es posible que llegue a su fin. Además, el consumo de lácteos enteros (leche, yogur) contribuye a la ingesta de vitaminas D y K, tan necesarias para la salud ósea como lo es el calcio.

En este contexto, merece una mención especial la mantequilla. Una reciente revisión científica afirma que la relación existente entre el consumo de mantequilla y la mortalidad total, enfermedad cardiovascular y diabetes es muy pequeña o neutral. Así, los autores de esta revisión concluyen que no es necesario modificar las recomendaciones actuales de consumo de mantequilla, el cual debe ser moderado. Es decir, con el conocimiento que tenemos hoy día no hay que fomentar su consumo, pero tampoco prohibirlo. En cualquier caso, esto no significa barra libre de mantequilla. Sabemos que reemplazar las grasas saturadas por insaturadas reduce el riesgo de enfermedad cardiovascular. Esto lo podemos conseguir reduciendo o eliminando el consumo de alimentos procesados ricos en grasas saturadas y potenciando el consumo de grasa insaturada presente en alimentos como aceite de oliva, aguacate o frutos secos y semillas. Así, nuestro consumo de grasas saturadas, el cual es necesario, pero en pequeñas cantidades, lo podríamos realizar a través de alimentos que las contengan de forma natural, como los lácteos, en caso de consumirlos.

■ LÁCTEOS Y SALUD INTESTINAL

El efecto de las leches fermentadas en la salud intestinal ha sido ampliamente estudiado en los últimos años. Las investigaciones actuales sugieren que el yogur también puede tener un efecto positivo sobre los microorganismos del intestino, y se relaciona con una reducción del riesgo de enfermedad gastrointestinal y una mejora de la intolerancia a la lactosa. Aun así, las evidencias de las que disponemos siguen siendo limitadas y no nos permiten hacer recomendaciones generales relacionadas con un beneficio intestinal concreto. Aunque sabemos que, en determinadas situaciones, como diarreas víricas o consumo de antibióticos, ciertas cepas de bacterias pueden ser beneficiosas, estaríamos hablando de situaciones muy concretas que deben ser evaluadas por el profesional sanitario, ya sea un médico o un dietista-nutricionista.

Otro de los beneficios propuestos del consumo de leches fermentadas, además de la salud intestinal, se centran en la diabetes tipo 2, el sobrepeso y la obesidad. Nuevas hipótesis apuntan a que el consumo de yogur puede beneficiar a personas obesas, ya que la obesidad suele ir acompañada de un estado de inflamación crónica de grado bajo mantenida por el tejido adiposo y el intestino. El consumo de yogur podría mejorar la salud del intestino y así reducir la inflamación crónica. En cualquier caso, a día de hoy tampoco tenemos demasiadas evidencias que nos soporten el hacer recomendaciones de consumo de leches fermentadas para reducir el riesgo de estas enfermedades.

Así las cosas y con la información de la que disponemos, consumir lácteos, sobre todo fermentados, puede ser un buen hábito si se toleran, se consumen lo menos procesados posible, es decir, sin azúcar ni sal añadida, y se hace dentro de un contexto de vida saludable.

■ INTOLERANCIA A LA LACTOSA

Como hemos visto, la tolerancia a la lactosa se debe a una mutación que ocurrió en nuestro genoma durante el Neolítico. Se han descrito cuatro mutaciones diferentes asociadas al gen que codifica la enzima lactasa y cuya frecuencia varía de forma significativa entre continentes, dentro de estos e, incluso, entre regiones vecinas. Así, Europa, el continente con mayor cantidad de tolerantes a la lactosa, presenta una distribución Norte-Sur, habiendo más tolerantes en el Norte (hasta un 98% de la población) que en el Sur. Otras zonas del mundo donde hay gran cantidad de población tolerante a la lactosa son Asia Central e India, Tíbet, Oriente Medio y África. En África, la tolerancia a la lactosa tiene una distribución muy irregular, puesto que se presenta en poblaciones de pastoreo, mientras que está prácticamente ausente en aquellas que no lo son. Por otro lado, la intolerancia se presenta en un 50% de la población latinoamericana, entre un 90 y 100% de la población del sureste asiático y en EE. UU. depende del origen étnico: 79% de indígenas americanos son intolerantes a la lactosa, además del 75% de afroamericanos, 51% de hispanos y 21% de caucásicos.

La lactosa es el azúcar que contiene la leche de los mamíferos y está formada por dos moléculas, una de glucosa y otra de galactosa. Para romper la lactosa y aprovechar su energía es necesaria una enzima que rompa el enlace que une a estas dos moléculas. Esta enzima es la lactasa, una proteína específica que se encarga de esta tarea. La digestión de la lactosa, es decir, la ruptura de este enlace por la enzima lactasa ocurre en el intestino. Una vez se libera la glucosa y la galactosa, estas son absorbidas por el intestino y pasan al torrente sanguíneo, donde serán utilizadas como fuente de energía por las células de nuestro cuerpo.

Si la lactosa no se rompe en el intestino y se queda intacta, tiene un efecto negativo con desagradables consecuencias para el intolerante. Por un lado, la lactosa atrae agua al interior del intestino y, por el otro, las bacterias del colon son capaces de fermentarla dando lugar a gases y ácidos grasos de cadena corta. Como consecuencia, aparece hinchazón abdominal, flatulencias, calambres y diarrea. La severidad de los síntomas puede variar entre individuos, ya que la adaptación de las bacterias del colon puede mejorar la fermentación de la lactosa y reducir la producción de estos compuestos indeseables.

UN MAYOR CONSUMO DE CALCIO NO SE RELACIONA CON UNA MEJOR SALUD ÓSEA.

La intolerancia a la lactosa se define clínicamente como una malabsorción de la lactosa asociada a síntomas gastrointestinales. Existen cuatro tipos y la más común es la intolerancia relacionada con la «no persistencia de lactasa», es decir, con el descenso de la producción de lactasa que se produce como consecuencia del destete. La producción de lactasa alcanza sus niveles máximos poco después del nacimiento del bebé y, hasta los cinco años, va disminuyendo hasta un nivel mínimo que se mantiene de por vida.

La intolerancia a la lactosa ha de ser diagnosticada por el médico, ya que el autodiagnóstico puede ocultar otras patologías más severas. Su tratamiento tiene que adaptarse al individuo porque, dependiendo del nivel de intolerancia, este puede ir desde la eliminación total de la lactosa de la dieta, a la tolerancia de pequeñas cantidades, ya sea a través de un bajo consumo de leche o de derivados lácteos como el yogur o el queso.

Muchos expertos aseguran que la intolerancia a la lactosa puede entrañar un riesgo para la salud ósea, porque el bajo o nulo consumo de lácteos conlleva una ingesta baja de calcio. No hay duda de que un consumo apropiado de lácteos puede ser una estrategia fácil y sencilla para asegurar la ingesta de calcio, pero como siempre, en alimentación y salud debemos poner las cosas en perspectiva. De poco sirve atiborrarse de lácteos cuando nuestro estilo de vida es desastroso. De hecho, un dato curioso, pero preocupante y que nos debe hacer reflexionar es que, paradójicamente, la incidencia de osteoporosis es mayor en las sociedades occidentales donde hay un consumo elevado de lácteos que en aquellas en las que no se consumen. Es más que probable que esta paradoja se deba a que los estilos de vida de las sociedades occidentales no son de lo más ejemplares: sedentarismo, abuso de alimentos procesados ricos en sal, bajo consumo de frutas y hortalizas, consumo de alcohol, tabaquismo… Todos ellos factores muy relacionados con la (mala) salud ósea, por cierto.

■ ALTERNATIVAS VEGETALES A LOS LÁCTEOS

Las alternativas a la leche y sus derivados han surgido para dar respuesta a los problemas ocasionados por la alergia e intolerancia a la leche de vaca, a razones éticas, medioambientales y de salud. En los últimos años, estas alternativas vegetales se han establecido en el mercado y están siendo utilizadas como bebidas sustitutivas de la leche de vaca, como sustitutos del yogur y del queso, y como ingredientes culinarios.

Las bebidas vegetales son líquidos que se obtienen de extraer con agua el material vegetal contenido en determinadas partes de la planta. Normalmente se utilizan granos o semillas, rompiéndolos y homogeneizando la mezcla, lo cual da lugar a una distribución de las partículas presentes que imita en apariencia a la leche de vaca. La composición nutricional de estas bebidas varía mucho entre ellas, puesto que dependerá del ingrediente de origen y de si se han añadido o suplementado con nutrientes extra.

Desde el punto de vista comercial y regulatorio, las bebidas vegetales no pueden denominarse «leche» porque esta acepción se reserva únicamente al líquido que se produce en las glándulas mamarias de las vacas. El resto de las leches de mamíferos para consumo humano se tienen que denominar como «leche de» seguido del nombre del animal en cuestión.

La bebida de soja ha sido, quizás, la que más interés ha suscitado en los últimos años, por ser una alternativa nutritiva y saludable a la leche de vaca. Sin embargo, recientemente se ha puesto especial atención en el desarrollo de otro tipo de bebidas vegetales, como las procedentes de cereales (avena, arroz, espelta), otras legumbres (cacahuete, altramuz), frutos secos (almendra, coco, nueces, avellanas), semillas (cáñamo, sésamo, lino) y pseudocereales (quinoa, teff, amaranto).

Además de las bebidas vegetales, también están floreciendo en el mercado «yogures» y «quesos» vegetales que tienen cada vez más aceptación entre la población. Es fácil que estas alternativas se asocien a productos saludables, pero hay que poner atención a la lista de ingredientes y composición nutricional, ya que es fácil que sean productos cargados de azúcar. Esto es así porque muchos de estos productos tienen un sabor difícil de aceptar por la población general, de ahí que se endulcen. También puede tratarse de productos altamente procesados, como los quesos veganos industriales, los cuales suelen ser una mezcla de gomas alimentarias y aceites de dudosa calidad.

Como recomendación general, si se utilizan las bebidas vegetales como sustitución de la leche de vaca en uso y momento de consumo, por ejemplo, por una intolerancia, alergia o razones éticas, es aconsejable que se utilice bebida de soja suplementada con calcio y vitamina D por su similitud a nivel nutricional con la leche de vaca. El resto de las bebidas vegetales no tienen mucho interés nutricional y, si no van azucaradas, pueden utilizarse como bebidas para determinados momentos de consumo (*snack*, después del ejercicio, etc.), prestando especial atención al resto de la alimentación y estilo de vida para asegurar una salud ósea adecuada.

■ CONSEJOS PARA INCLUIR LÁCTEOS DE FORMA SALUDABLE EN EL DESAYUNO

Espero que tras leer este capítulo hayas comprendido que, si bien el consumo de lácteos puede ser interesante para nuestra salud, no es imprescindible tal y como nos han estado diciendo durante tanto tiempo, ni en el desayuno, ni durante el resto del día. Además de que podemos conseguir los nutrientes que aportan a través de otros alimentos saludables, la salud de nuestros huesos no depende únicamente del calcio, sino de otros muchos factores. Aun así, no hay nada de malo en consumirlos así que, si eres de los que les gusta incluir lácteos en su alimentación, te dejo aquí algunos consejos que he adaptado del exitoso libro *Mi dieta cojea*, del dietista-nutricionista Aitor Sánchez:

- Incluye como máximo dos raciones de lácteos diarias. Aquí decides tú cómo hacerlo: puedes tomar una ración en el desayuno y la otra durante el resto del día, o incluir dos raciones en el desayuno, o tomar solo una ración al día.

- Prioriza los lácteos fermentados como el yogur o el kéfir frente a otro tipo de lácteos.

- Es aconsejable que los lácteos sean enteros.

- Escoge leche pasteurizada en lugar de UHT. Ambas son aptas para su consumo, pero la pasteurizada conserva más nutrientes y tiene mejor sabor. El único inconveniente es que hay que conservarla en la nevera y, una vez abierta, puede estropearse antes que la UHT. En cualquier caso, si compras leche fresca y la tienes abierta desde hace unos días en la nevera, huélela antes de consumirla.

- Intenta que lo que compras sean productos de proximidad, así ayudarás al desarrollo local.

- Si es posible, adquiere los lácteos de vacas alimentadas con pastos en explotaciones extensivas; tienen una mejor composición nutricional y el animal recibe un mejor trato.

- Y este consejo me lo saco yo de la manga: aunque para casi todos la palabra «lácteo» nos lleva a pensar en leche de vaca, no hay problema en consumir leche de otros animales, siempre que te guste, te siente bien y tengas en cuenta los consejos expuestos arriba.

¡A PRACTICAR!

Bruschetta de queso cottage, tomate y aceitunas negras

El queso cottage es otro tipo de queso fresco, pero que no ha sido prensado, con lo que los coágulos de proteína quedan muy húmedos al retener parte del suero lácteo. La tipología puede variar según el estilo de producción, de forma que podemos encontrar quesos con coágulos más o menos grandes y más o menos húmedos. Es muy versátil porque puede ser utilizado en recetas dulces y saladas.

 INGREDIENTES:

1 RACIÓN

1 rebanada de pan de masa madre

2-3 cucharadas soperas de queso cottage

½ tomate en rodajas

2-3 aceitunas negras picadas

Albahaca fresca

Aceite de oliva virgen extra

Sal en escamas y pimienta al gusto

 PREPARACIÓN:

· En un bol, poner el queso cottage, unas hojas de albahaca, aceitunas picadas y pimienta al gusto.

· Poner la mezcla de queso sobre la rebanada de pan, añadir los tomates por encima y terminar con un chorrito de aceite de oliva y unas escamas de sal.

Tosta de queso azul con higos frescos

Los quesos azules son de esos alimentos polarizantes: los amas o los odias.
Yo soy de las que los aman y aún más si hay un buen contraste con algo dulce, como unos higos.
Si eres de los míos, anímate a probar este desayuno.

 INGREDIENTES:

1 RACIÓN

1 rebanada de pan de masa madre

20-30 g de queso azul

1 higo cortado a láminas finas

Un puñado de rúcula

½ cucharada de postre de miel (opcional)

....

PREPARACIÓN:

- Tostar la rebanada de pan y, posteriormente, untarla con el queso azul.

- Añadir la rúcula y los higos encima.

- Opcionalmente, puedes añadir un poco de miel para aumentar el contraste dulce-salado.

Bebida de soja con cacao sin azúcar añadido

El consumo de leche con cacao es una de las características del desayuno actual, sobre todo en niños y adolescentes. Puedes probar a utilizar cacao en polvo desgrasado sin azúcar y mezclarlo con un poco de plátano maduro para aportar dulzor como paso para adaptar el paladar a un desayuno menos dulce. Esta idea también puede funcionar como primer paso para introducir la bebida de soja en tu alimentación.

INGREDIENTES:

1 RACIÓN

1 vaso de bebida de soja
(puedes sustituir la bebida de soja por otra que suelas consumir)

1 cucharada de postre de cacao en polvo sin azúcar

½ plátano maduro, pelado (opcional)

PREPARACIÓN:

• Mezclar la leche con el cacao y remover bien.

• Si necesitas endulzarlo, añade un trozo de plátano maduro o 1 o 2 dátiles, y tritura bien.

Yogur con especias, fruta y pistachos

Añadir especias y fruta madura al yogur natural es una forma muy saludable de endulzarlo sin tener que añadir azúcar. Esta receta me cautivó hace tiempo por su sabor a Oriente Medio. Si no te atreves con el azafrán, ni el cardamomo, siempre puedes recurrir a la canela o la vainilla natural.

 INGREDIENTES:

1 RACIÓN

125 g de yogur natural

100 g de mango, cortado a dados

50 g de arándanos

Un puñado de pistachos pelados

3-4 hebras de azafrán

3-4 hojas de menta picada

Cardamomo en polvo al gusto

1 cucharadita de café de miel (opcional)

 PREPARACIÓN:

· Añadir las especias al yogur y remover bien.

· Incorporar la fruta, los pistachos, la menta y la miel, si se utiliza.

· Servir.

Bol de requesón, higos caramelizados y pistachos

La combinación de cualquier queso fresco con fruta y frutos secos es exquisita, y el requesón es otro de esos lácteos que se benefician de esta combinación. Si no tienes requesón, puedes probar con ricota, que es bastante similar.

 INGREDIENTES:

1 RACIÓN

130 g de requesón

1-2 higos, cortados a cuartos

Un puñado de pistachos pelados

1 cucharadita de postre de miel (opcional)

½ cucharada de postre de mantequilla

Menta picada al gusto

PREPARACIÓN:

- Calentar la mantequilla en una sartén antiadherente. Dorar los higos un par de minutos por cada lado. Apagar el fuego y añadir la miel si se desea.

- Poner el requesón en un bol y batir con ayuda de un tenedor para que quede con aspecto cremoso.

- Añadir los higos, los pistachos y la menta al requesón y servir.

Çilbir

El Çilbir *es un delicioso desayuno de origen turco en el que el yogur se utiliza como ingrediente salado. Seguro que esto de ponerle huevos al yogur te choca tanto como a mí la primera vez, pero te aseguro que esta combinación es absolutamente deliciosa. Pruébala un fin de semana y no querrás desayunar otra cosa.*

INGREDIENTES:

2 PERSONAS

300 g de yogur griego

4 huevos muy frescos

½ diente de ajo, muy picado

2 cucharadas de postre de mantequilla

1-2 ramas de eneldo

½ cucharadita de pimentón picante

Sal en escamas y pimienta al gusto

Pan de pita o blanco de masa madre

PREPARACIÓN:

· Mezclar bien el yogur, el eneldo, el ajo picado, la sal y la pimienta en un bol. Distribuir en dos platos y reservar.

· Preparar los huevos poché siguiendo las indicaciones de la página 68.

· Cuando los huevos estén hechos, escurrirlos bien sobre un papel absorbente de cocina y colocarlos en los respectivos boles con el yogur.

· En un cazo pequeño, derretir la mantequilla, añadir el pimentón picante, una pizca de sal y de pimienta. Distribuir la mantequilla por encima de los huevos y servir con pan tibio.

Bebida de almendras casera

Hacer bebida vegetal en casa es muy sencillo y gratificante. Puedes iniciarte con esta bebida de almendras y probar luego con tus frutos secos favoritos, puesto que el proceso es el mismo.

 INGREDIENTES:

1 LITRO

120 g de almendras crudas, en remojo toda la noche

1 cucharada de postre de canela

1 l de agua

 PREPARACIÓN:

- Escurrir las almendras y ponerlas en una batidora potente de vaso.

- Añadir el litro de agua. Triturar a alta velocidad hasta que las almendras estén completamente trituradas.

- Cubrir un colador fino con una estameña limpia (tela muy fina que se usa para hacer queso y que puedes encontrar en tiendas de cocina) y colar la mezcla, escurriendo bien la tela para que salga todo el líquido.

- Reservar la leche de almendras refrigerada, en una botella de cristal limpia y bien cerrada 2-3 días como máximo.

NOTA: La pulpa de almendra que queda puede guardarse y añadirse a batidos, o secarse en el horno para tener harina de almendra.

CAPÍTULO

~9~

Niños y desayuno

Los niños y adolescentes han sido la diana de numerosas campañas acerca de los beneficios del desayuno. Desde campañas públicas a privadas, este grupo de población es especialmente vulnerable a mensajes disfrazados de salud y rendimiento escolar.

Es bien cierto que un desayuno adecuado tiene la capacidad de mejorar la calidad nutricional de la alimentación, sobre todo cuando lo comparamos con los desayunos actuales, tan ricos en azúcares añadidos y grasas. Y también es cierto que el estado de crecimiento y desarrollo en el que se encuentran los niños y adolescentes los hace especialmente vulnerables a carencias nutricionales. Pero es curioso que hayamos creado la necesidad de que, para desayunar, los niños deban consumir alimentos excesivamente azucarados y grasos que van enriquecidos con vitaminas y minerales para ayudarles en su crecimiento y desarrollo cuando, primero, vivimos en una sociedad donde tenemos alimentos saludables a nuestro alcance y, segundo, una alimentación rica en alimentos de origen vegetal, donde se ponga énfasis en el consumo de hortalizas, frutas y verduras, legumbres, cereales en su versión entera, frutos secos, y se complemente con aceites y grasas saludables, pescados, huevos y carnes magras, es más que suficiente para cubrir las necesidades nutricionales de los más pequeños.

■ PERFIL DEL DESAYUNO INFANTIL

Según el informe «Estado de situación sobre el desayuno en España» del estudio ANIBES, el 93% de los niños de entre nueve y doce años desayuna habitualmente, mientras que en adolescentes la cifra desciende hasta el 80%. Ambos grupos de población, en especial los adolescentes, omiten más el desayuno en los días laborables.

El tiempo que dedican los niños a desayunar es de diez minutos los días laborables y de trece los fines de semana, cifras que disminuyen en los adolescentes, destinando ocho y once minutos respectivamente. Existen diferencias bien establecidas sobre la hora en la que se desayuna entre semana o el fin de semana. Así, entre semana los niños y adolescentes desayunan alrededor de las ocho de la mañana, mientras que los fines de semana la primera comida del día se desplaza a las diez de la mañana. El 98% de los niños desayunan en casa con la familia, mientras que en los adolescentes empieza a observarse una tendencia a desayunar fuera de casa.

En cuanto a la calidad nutricional del desayuno infantil y adolescente, este aporta un 18% del total de las calorías diarias recomendadas. No queda claro en el informe si se incluye la ingesta que se toma en el recreo del colegio, la cual podría contar como parte del desayuno. En cualquier caso, es posible que quedase aún espacio para mejorar la ingesta calórica y la calidad nutricional de la primera comida del día, pues no solo cuenta el número de calorías, también la calidad de estas, y cuando profundizamos en este aspecto la decepción (y preocupación) es considerable. Veamos el porqué.

Según el mismo informe, los alimentos más consumidos en el desayuno infantil y adolescente español son productos de chocolate, bollería y pastelería, leche, pan blanco, cereales para el desayuno y azúcar, mayoritariamente y en este orden. Los chocolates, bollería y pastelería contribuyen con más de un 65% de los azúcares añadidos y del 30% de grasas saturadas de la mañana. Alimentos como las frutas frescas o los quesos aparecen de forma anecdótica y recordemos que, según este estudio, solo un 11% de los niños consumen zumos y néctares en el desayuno. Así, pese a que es importante recalcar que los zumos no son un tipo de alimento interesante desde el punto de vista nutricional y educacional, no son el problema real del desayuno de los más pequeños (lo que no quita que no haya otros momentos de consumo en los que se abuse de estas bebidas y a los que debamos prestar atención). El problema, como habrás visto, lo tenemos con la bollería, la pastelería, los cereales azucarados y los cacaos solubles.

■ DESAYUNO Y RENDIMIENTO INTELECTUAL: ¿UNA RELACIÓN REAL?

Es muy habitual que el consumo del desayuno se promueva en la población infantil y adolescente como una medida para mejorar el rendimiento cognitivo y escolar. A pesar de que es una recomendación que puede considerarse positiva, además de tener cierta lógica, no existen suficientes evidencias que relacionen el hecho de desayunar con un mejor rendimiento escolar.

¿Por qué, entonces, son tan abundantes los mensajes y campañas que promueven el desayuno entre los más jóvenes y utilizan el rendimiento escolar como uno de los motivos para fomentar el consumo de ciertos alimentos por la mañana? A mi modo de ver, hay tres ingredientes que contribuyen a tal desinformación. Por un lado, algunos se aprovechan del deseo de unos padres que quieren que sus hijos sean buenos estudiantes. Y claro, esos padres son una diana fácil para productos que prometen concentración y mejora en el rendimiento académico.

Por otro lado, las conclusiones de estudios científicos sacadas de contexto nos han llevado a pensar, durante un tiempo, que tal relación era real. Pero lo cierto es que los estudios que disponemos hasta la fecha sobre desayuno y rendimiento cognitivo tienen numerosas limitaciones metodológicas, ya que obvian muchos aspectos en su diseño, como que, en general, los niños que desayunan y obtienen mejores notas son, normalmente, niños más metódicos, con padres más dedicados y que les prestan más atención. Otros trabajos se hicieron con niños cuyo estado nutricional estaba comprometido. Pero en estos casos, no es que el desayuno ayudase a mejorar el rendimiento cognitivo, sino que, al desayunar y aportar los nutrientes necesarios, se mejoraba su estado nutricional, lo que, obviamente, se manifestaba en los resultados de las pruebas.

LOS ALIMENTOS MÁS CONSUMIDOS EN EL DESAYUNO INFANTIL Y ADOLESCENTE ESPAÑOL SON PRODUCTOS DE CHOCOLATE, BOLLERÍA Y PASTELERÍA.

El tercer ingrediente que se usa como justificación en la relación desayuno-rendimiento escolar es la particular situación fisiológica en la que se encuentran el niño y el adolescente. Esta situación, que es la de crecimiento y desarrollo físico e intelectual, hace que las demandas de energía y nutrientes sean mayores, proporcionalmente, que en la de los adultos.
Así, durante el ayuno nocturno los niños utilizan mayores cantidades de glucógeno almacenado y el músculo limita la disponibilidad de aminoácidos capaces de formar glucosa en el hígado. Esto es así porque esos aminoácidos son necesarios para la construcción y el desarrollo de la masa muscular que se produce durante el crecimiento y sería una pérdida de recursos destinarlos a la formación de glucosa. Por eso, la alta tasa metabólica y de crecimiento de los niños, así como la importancia de una correcta función cognitiva, justifican la necesidad de una alimentación que contribuya con un aporte de nutrientes óptimo. Esta alimentación, sin embargo, no precisa de superalimentos, ni suplementos, ni productos especialmente diseñados que utilizan como excusa la necesidad de reponer los niveles de glucosa tras el ayuno nocturno para justificar su alto contenido en azúcar y colarse en las mesas de los más pequeños.
No hay que olvidar que el cuerpo puede obtener y utilizar perfectamente la glucosa presente en la fruta, el pan integral, la leche entera, las hortalizas o en las legumbres, por nombrar algunos de los alimentos que ya habrás visto en las recetas de este libro.

Así, la alimentación del niño y del adolescente precisa de ingredientes frescos y platos preparados en casa. Es importante puntualizar que no hay que obligar a los niños a comer si no tienen hambre a primera hora de la mañana. El niño es capaz de autorregular su apetito y es importante que le enseñemos a comer cuando tiene hambre. Si por la mañana no tiene hambre cuando aún está en casa, ya comerá lo que tenga para la hora del recreo. No hay necesidad de sufrir, porque no se va a desnutrir. Obligándole a comer lo único que hacemos es reforzarle el mensaje de que debe comer incluso sin apetito, algo nada recomendable de cara a su educación alimentaria. Hay que tener en cuenta que la etapa infantil es un momento de muchos descubrimientos y pretender que se centren en una tarea única, como tomar el desayuno, cuando tienen tantos estímulos alrededor, es complicado.

■ ALIMENTOS DESTINADOS AL DESAYUNO INFANTIL

El desayuno es la única comida del día que tiene su propia categoría de productos en los supermercados. La manipulación que nos lleva a consumir determinados productos por la mañana se produce también en los pasillos del súper y es mucho mayor cuando se trata de productos dirigidos a niños. Si no, fíjate bien la próxima vez que vayas a hacer la compra y verás que en muchos supermercados se indican los pasillos que contienen estos alimentos con la palabra «desayuno». En esos pasillos «matutinos» las promociones de precio, tamaño de envase o, incluso, las que incluyen un regalo están a la orden del día. Así, es muy fácil picar y caer en la trampa del «envase ahorro familiar» donde tienes galletas o bollos «para el desayuno» cargados de azúcar para toda la semana.

¿Qué ha pasado para llegar a esta situación? ¿Por qué los desayunos infantiles están cargados de azúcares y grasas? Da la impresión de que algo se nos ha ido de las manos y es lamentable que un grupo de población tan vulnerable como es el infantil, y al que tenemos que proteger de malas prácticas de marketing y mensajes confusos, sea el que más esté sufriendo las consecuencias de las equivocadas elecciones alimentarias de los adultos (la gran mayoría de las veces, hechas de forma inconsciente). En el capítulo 3 hemos hablado en profundidad de uno de los detonantes que cambiaron el panorama del desayuno infantil: el nacimiento de los cereales de desayuno azucarados.

Sabores, texturas y formas atractivas para los niños, junto con envases llamativos y la promesa de autonomía a la hora de servirlos fue la clave de su éxito. A partir de ahí, la cantidad y diversidad de productos para el desayuno infantil fue creciendo hasta el panorama actual, dando la sensación de que los niños necesitan sus propios alimentos, diferentes de los adultos, desde muy temprana edad. Así, es fácil que los padres, en ocasiones desbordados por el nuevo rol o simplemente por desconocimiento, crean que están haciendo bien cuando seleccionan alimentos con nombres como «mi primer [poner aquí el alimento que sea]». Si, además, viene avalado por la asociación pediátrica, médica o de nutrición de turno, mejor. La gravedad del asunto se pone de manifiesto cuando uno revisa las etiquetas de estos «primeros» productos y se da cuenta de que la cantidad de azúcar añadido es descomunal, casi siempre mayor que la que tiene la versión «normal» o «adulta» del mismo alimento.

La epidemia de obesidad y diabetes de tipo 2 que sufrimos en la actualidad está directamente relacionada con nuestros hábitos y estilo de vida. Estas epidemias no se pueden explicar por una única causa, ya que son consecuencia de una interacción compleja de numerosos factores. Lo que es preocupante es cómo estas enfermedades, típicas de la edad adulta, han aumentado considerablemente en la población infantil. Por eso es clave identificar esos elementos que contribuyen al crecimiento del sobrepeso, obesidad y diabetes tipo 2 en los más jóvenes y buscar soluciones que ayuden a terminar con ellos. El uso y abuso de alimentos ricos en azúcares y grasas poco sanas son uno de esos elementos que, sin darnos cuenta, se han instaurado en nuestros hábitos alimentarios hasta tal punto que si le dices a alguien que deje de dar esos productos a sus hijos te responde, entre confuso y desesperado: «Y entonces, ¿qué le doy de desayunar a mi hijo?».

■ CONSEJOS PARA QUE LOS NIÑOS HAGAN UN BUEN DESAYUNO

A continuación, tienes algunas ideas y consejos que pueden ayudarte a la hora de organizar el desayuno en casa cuando hay niños pequeños. La involucración de toda la familia es fundamental para distribuir tareas y responsabilidades, así como facilitar que todos puedan desayunar con calma y disfrutando de la primera comida del día:

Empieza con la cena: Procura que no sea muy tarde y que tengan un poco de tiempo entre que cenan y se acuestan, para que no se vayan a la cama con el estómago lleno. Puedes aprovechar para que ayuden a recoger los platos de la cena, preparar la mesa para el desayuno de la mañana siguiente o dejar alguna receta preparada, como unas gachas o macedonia.

Levantarse con suficiente tiempo es fundamental para poder hacer un desayuno con calma, y con diez a quince minutos es suficiente. Además, si te organizas con antelación pueden tener el tiempo necesario para desayunar de forma saludable.

Puede ser una buena idea que comiencen con las **tareas de higiene y rutinas matutinas antes de desayunar**, para dar un poco de tiempo a que les entre el apetito. Con niños muy pequeños esto puede ser un dilema, ya que hay un riesgo elevado de que se ensucien mientras desayunan y eso puede comprometer el tiempo del que disponemos por la mañana. Ponerles encima camisetas viejas o baberos será de ayuda para no tener que cambiarles a última hora.

Ya se ha comentado con anterioridad, pero es una buena idea, tanto para adultos como para los más pequeños, asegurarse de que por la mañana se ingiere algún tipo de **líquido**, preferiblemente agua, para rehidratarse después de la noche.

Sé un ejemplo a seguir: Desayuna con ellos, escoge tú también alimentos saludables y procura hacer del desayuno un momento agradable.

Ofréceles alimentos saludables: Evita tener en casa alimentos insanos destinados al desayuno, sobre todo aquellos que se dirigen especialmente a los niños.

Involúcrales en la elaboración del desayuno: Si durante la semana es complicado porque hay menos tiempo, invierte una mañana del fin de semana para preparar pan, *crackers*, hummus, granola o barritas de avena con ellos.

Las mañanas, sobre todo entre semana, pueden ser momentos de mucha tensión, así que **no insistas en que se terminen el desayuno** si no quieren, ni utilices la comida como una recompensa o un castigo. Pueden complementar su desayuno con lo que se lleven para la hora del recreo, como verás más adelante.

Ante niños que aparentemente tienen poco apetito, también es importante valorar si en realidad estamos ante un **niño que come despacio**. Si es así, es clave respetar su ritmo, y asegurarse de que tiene suficiente tiempo para desayunar. Otras estrategias son ponerle menos cantidad y que pueda seguir comiendo de camino al colegio, o que la merienda del recreo termine de complementar su desayuno.

Incluye alguna fruta y evita los zumos siempre que sea posible. Tanto en este capítulo como en el destinado a este grupo de alimentos (capítulo 7), tienes ideas para introducir las frutas por la mañana de forma sencilla y original.

Procura **controlar las porciones** y no obligarles a comer si no tienen hambre.

Es recomendable **distribuir el desayuno en dos tomas**, una antes de salir de casa y otra en el colegio. Es buena idea intentar que se complementen entre ellas y no repetir grupos de alimentos para, así, garantizar variedad. También es cierto que no pasa nada por que repitan y tomen, por ejemplo, leche en casa y un yogur en el cole. Veamos algunas ideas:

EN CASA	EN EL COLEGIO
Batido de leche con cacao sin azúcar y plátano	*Bocadillo integral de hummus*
Macedonia de fruta	*Yogur líquido bebible sin azúcar y anacardos*
Cereales sin azúcar con bebida de soja	*Plátano y nueces*
Tostada de pan integral con crema de cacahuete y manzana	*Batido casero de cacao*
Vaso de leche	*1 barrita casera de avena y 2 mandarinas*
Macedonia y vaso de bebida de avena	*Bocadillo integral de queso fresco con aceite y tomate*
Helado casero de fruta natural	*Bocadillo integral de tomate y huevo cocido*
Un vaso de leche con cacao sin azúcar y tostada con mermelada	*Uvas con queso semidesnatado*
Tortitas caseras con yogur	*Pera y bocadillo integral de atún con tomate*
Gachas con plátano	*Yogur líquido y rollito con hummus y lechuga*

¡A PRACTICAR!

Coconella y fruta

Esta versión saludable de crema de cacao seguro que le encanta a los más pequeños de la casa. El sabor a coco se aprecia de forma muy suave, pero si crees que no les va a gustar, puedes sustituirlo por agua o aceite de oliva. Combínala con fruta y será todo un éxito.

 INGREDIENTES:

1 RACIÓN

1 rebanada de pan integral

1 cucharada sopera de coconella
(ver receta en página 53)

2-3 fresas lavadas y cortadas
(o cualquier otra fruta que apetezca)

....

 PREPARACIÓN:

· Untar la rebanada de pan
con la coconella y distribuir la
fruta por encima.

Hummus con palitos de zanahoria

A los más pequeños les encanta interactuar con la comida y aprender a través de ella. Ofrecerles unos palitos de zanahoria para que mojen en el hummus es una manera excelente de hacer de su desayuno una experiencia diferente y nutritiva a la vez.

 INGREDIENTES:

1 RACIÓN

2 cucharadas soperas de hummus (ver receta en página 45)

1 zanahoria mediana pelada y cortada a palitos

....

 PREPARACIÓN:

· Disponer el hummus en un vasito, poner los palitos de zanahoria dentro y servir.

Helado de queso quark y mango

Hacer helado casero es facilísimo. Tan solo has de congelar previamente fruta madura y triturarla con yogur o queso quark con una batidora de vaso potente. El mango y el plátano son dos frutas que dan una textura especialmente cremosa a estas preparaciones caseras.

 INGREDIENTES:

4 PERSONAS

250 g de mango congelado

130 g de queso quark

Un puñado de semillas y frutos secos mezclados

....

 PREPARACIÓN:

· Poner el mango y el queso quark en el vaso de la batidora y triturar a máxima potencia hasta que se obtenga una mezcla de textura cremosa.

· Servir inmediatamente con un puñadito de semillas y frutos secos mezclados.

Banana Split

Esta versión en formato desayuno sano del tradicional postre
entusiasmará a los más pequeños de la casa. Una oportunidad para pedirles
a tus pequeños chefs que te ayuden en la cocina.

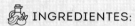 INGREDIENTES:

1 RACIÓN

1 plátano

100 g de yogur griego natural

Un puñado de frutos del bosque

 PREPARACIÓN:

- Cortar el plátano por la mitad.

- Rellenarlo con yogur griego y añadir
los frutos del bosque.

- Puedes complementar este banana
Split con frutos secos, granola o
cereales sin azucarar para darle
un toque crocante.

Gachas de espelta y cacao

Las gachas de espelta son una alternativa deliciosa y nutritiva a la avena, y se pueden dejar hechas con anterioridad porque aguantan bien en la nevera hasta 3 o 4 días en un recipiente hermético.

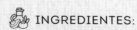 **INGREDIENTES:**

4 RACIONES

200 g de espelta en copos

½ l de bebida de almendras sin azúcar (u otro tipo de bebida vegetal o leche)

250 ml de agua

2 cucharadas soperas de cacao en polvo sin azúcar

15 g de mantequilla

1 cucharada de postre de esencia de vainilla (opcional)

 PREPARACIÓN:

• En un cazo mediano, fundir la mantequilla y añadir la espelta. Dejar que se tueste, removiendo de vez en cuando, durante 3-4 minutos.

• Añadir la leche de almendras, el agua, el cacao y la esencia de vainilla, y llevar a ebullición. Bajar el fuego y dejar que hierva a fuego lento durante 10-15 minutos, removiendo de vez en cuando para que no se pegue.

• El resultado final debe ser de una consistencia cremosa. Si ves que el grano aún está duro, puedes añadir un poco más de líquido y dejar que siga hirviendo.

• Dejar que las gachas se atemperen antes de consumir. Estas gachas pueden acompañarse de frutos secos, fruta fresca, frutas desecadas o láminas de coco.

Barritas energéticas de chocolate y coco

Estas barritas te garantizan desayunos rápidos, energéticos y sanos para los más jóvenes de la casa. Puedes hacer variaciones añadiendo granola casera, semillas de cáñamo, fruta desecada u otros frutos secos como topping.

INGREDIENTES:

14 BARRITAS

200 g de copos de avena finos

100 g de mantequilla de cacahuete

75 g de harina integral de espelta (o de cualquier otro tipo de cereal)

50 g de miel o sirope de ágave

2 huevos

1 cucharada de postre de esencia de vainilla

1 cucharada de postre de impulsor químico de panadería

Para la cobertura de chocolate:

50 g de chocolate 75% cacao

30 g de copos de coco deshidratado

20 g de mantequilla

1 cucharada sopera de mantequilla de cacahuete

Una pizca de sal en escamas

PREPARACIÓN:

- Precalentar el horno a 175 ºC, con calor arriba y abajo.

- Si se tiene un molinillo eléctrico, darle una pasada a los copos de avena para que quede una especie de harina basta. Si no, utilizar los copos de avena tal y como están.

- En un bol, mezclar los huevos, la esencia de vainilla, la miel y la mantequilla de cacahuete, hasta que quede una textura cremosa y sin muchas burbujas.

- En otro bol, mezclar los copos de avena, la harina de espelta y el impulsor químico. Remover con la ayuda de una espátula para que se mezclen bien.

- Incorporar los ingredientes líquidos a los secos y mezclar bien con la ayuda de la espátula. Con las manos limpias, terminar de amasar hasta obtener una masa muy firme y compacta.

- Extender la masa en un molde rectangular de unos 28 x 20 cm. Procurar que la masa quede de un dedo de grosor más o menos.

- Hornear la masa 15 minutos. Cuando haya pasado este tiempo, sacar la bandeja y dejar enfriar.

- En un cazo, derretir la mantequilla junto con el chocolate a fuego medio. Mezclar bien hasta que quede una mezcla homogénea.

- Cuando la masa esté tibia, añadir la cobertura de chocolate. Distribuir por encima la sal en escamas, la mantequilla de cacahuete y las escamas de coco. Dejar enfriar.

- Se puede meter en la nevera para que la cobertura solidifique bien. Una vez bien fría, desmoldar y cortar la masa en barras de unos 2 cm de ancho por 10 cm de largo.

- Conservar dentro de un recipiente hermético, preferiblemente en la nevera para que el chocolate no se deshaga.

Tortitas de ricota y cítricos

Esta receta de tortitas es absolutamente deliciosa. Como lleva bastante tiempo, es ideal para realizar un fin de semana y desayunar toda la familia junta. Si te sobra masa, puedes guardarla un día en la nevera, bien tapada, o hacer todas las tortitas y congelarlas cuando estén frías. Para descongelarlas simplemente usa el microondas o la sartén.

 INGREDIENTES:

10-12 UNIDADES

250 g de ricota

250 ml de leche

3 huevos grandes

100 g de harina integral de espelta

1 cucharada sopera de azúcar

La ralladura de un limón grande

La ralladura de una lima

1 cucharada de postre de impulsor de repostería

Una pizca de sal

Un poco de aceite para la sartén

 PREPARACIÓN:

• Separar la clara de las yemas.

• Poner en un bol grande la ricota, la leche, las yemas, el azúcar y la ralladura de limón. Mezclar bien con la ayuda de unas varillas, ya sean manuales o eléctricas.

• Limpiar las varillas y, en otro bol, batir las claras a punto de nieve con una pizquita de sal.

• Añadir la harina a la mezcla de ricota. A continuación, incorporar la levadura química y mezclar bien.

• Introducir las claras a punto de nieve en la mezcla de ricota y harina, y mezclarlo todo bien utilizando movimientos envolventes.

• Dejar reposar en la nevera 20-30 minutos.

• Calentar una sartén antiadherente pequeña con un poco de aceite y añadir medio cucharón de masa de tortitas.

• Cubrir toda la sartén y dejar que se cocine a fuego medio-bajo, hasta que la base quede dorada.

• Darle la vuelta con ayuda de una espátula. Cocinar el resto de la masa o hasta obtener las tortitas deseadas.

CAPÍTULO

~10~

Desayunar fuera de casa

Seguro que a estas alturas a nadie se le escapa que una cosa es querer comer sano y otra conseguir que esas buenas intenciones se conviertan en realidad. Reconozcamos que vivimos en una sociedad donde lo que menos nos sobra es tiempo, y eso nos afecta a muchos niveles. Disponer de tiempo depende, en muchas ocasiones, de saber priorizar y organizarse y, para muchos, las mañanas significan muchas cosas menos organización.

Es muy habitual que, si no se tiene tiempo de desayunar en casa, se haga en el lugar de trabajo, estudio o en un establecimiento de hostelería. Estas opciones serían muy válidas si no fuese porque difícilmente se hacen elecciones adecuadas o se disponen de alternativas saludables de calidad.

■ QUÉ DESAYUNAMOS CUANDO DESAYUNAMOS FUERA

Es difícil encontrar datos oficiales que describan el desayuno fuera de casa. En el panel de consumo alimentario de 2016 del Ministerio de Agricultura, Pesca, Alimentación y Medio Ambiente, se comenzó a estudiar la demanda total de bebidas calientes, alimentos y *snacks* en el sector extradoméstico desde el punto de vista del consumidor final. Aunque no se pueden hacer extrapolaciones a todo el año, ni comparaciones de evolución de consumo por lo reciente de la iniciativa, nos puede hacer una foto del panorama sobre el consumo de ciertos alimentos relacionados con el desayuno fuera de casa. Aun así, el único dato que aporta sobre el desayuno es que, de todas las ocasiones de consumo de alimentos fuera de casa, un 16,2% se dedican a esta comida. Este desayuno fuera del hogar se caracteriza por la presencia de bebidas calientes, pero no se analiza en más detalles su composición. Por su parte, el informe «Estado de situación sobre el desayuno en España» del estudio ANIBES al que he estado haciendo referencia a lo largo del libro tampoco profundiza en el desayuno fuera del hogar.

Nadie duda de que el desayuno fuera de casa se está haciendo popular. Según el portal de información InfoHoreca, el hábito de desayunar fuera de casa se ha incrementado en España un 3% entre 2016 y 2017, una tendencia global que se observa en otros países como Reino Unido, Estados Unidos, México, Colombia o Brasil. Según el Estudio Global de Nielsen sobre «Comidas fuera de casa», que se realizó en 2015, Colombia es el país de América Latina en el que menos se desayuna fuera de casa (6%), al igual que Chile. Sin embargo, el mismo estudio destaca que es una tendencia que está cambiando, tal y como se observa en otros tipos de mercados como el estadounidense, venezolano o mexicano, donde el hábito de desayunar fuera de casa está más instaurado. Así, un 21% de los participantes en el estudio que residían en Estados Unidos tomaban su primera comida del día fuera de casa, así como un 19% y 17% de los venezolanos y mexicanos, respectivamente.

Pese a la falta de información que caracteriza el desayuno fuera de casa, no hace falta ser un lince para observar que la oferta de alimentos que hace la hostelería es bastante limitada. Así, lo habitual es el café (solo o con leche), que suele ir acompañado de otro alimento, generalmente tostadas, bocadillos o bollería. Los zumos de frutas, ya sean naturales o envasados, son otro de los componentes habituales de los desayunos fuera del hogar, así como las infusiones.

La creciente tendencia a realizar el desayuno fuera de casa y alimentarse de forma saludable, está fomentando la aparición de nuevos lugares donde el desayuno es el protagonista. Estos establecimientos suelen disponer de una oferta mucho más variada, amplia y con mayor proporción de alternativas saludables. Así, es habitual que en estos lugares suelan ofrecer desde tortitas hasta gachas de cereales con semillas, frutas, huevos, quesos, panes integrales o propuestas ricas en vegetales.

■ QUÉ PEDIR EN EL BAR DE LA ESQUINA

Si no eres de los que tiene cerca un establecimiento de moda donde sirvan desayunos dignos de ser compartidos en cualquier red social, no te preocupes. Siempre es posible hacer un desayuno más o menos adecuado en un bar, por muy limitada que sea la oferta.

Empezar preguntando por las opciones que tienen para desayunar fuera de carta es un buen comienzo. Muchas veces no preguntamos porque pensamos que como la respuesta va a ser negativa, no merece la pena intentarlo. Pero imagínate que le pides al camarero de tu bar macedonia de fruta para desayunar, y que tu vecino también, y tu compañera de trabajo hace lo mismo, y también los trabajadores del centro de salud de la esquina. ¿No crees que, ante la demanda, verán la oportunidad de negocio y se plantearán incluirlo en su oferta? Volviendo a la realidad, es muy probable que la propuesta de desayuno oscile entre la bollería clásica, bocadillos, sándwiches, yogur, cafés, infusiones y zumos. Sigue los siguientes pasos para hacer elecciones acertadas:

Empecemos con los descartes:

Bollería y repostería, fuera.

Los sándwiches suelen ser de pan de molde industrial, con embutido y queso de la peor calidad, así que tampoco sería una opción recomendable.

Zumos, descartados si no son naturales. Pero a continuación te daré una opción incluso mejor.

Continuemos con las posibilidades:

Bocadillos: Siempre será mucho mejor un bocadillo que un sándwich de mala calidad o bollería. Y es posible que tengamos que hacer algunas concesiones, ya que el establecimiento, con gran probabilidad, no podrá cubrir nuestras demandas, pero nunca está de más probar. Pregunta por el tipo de pan que utilizan. Seguramente no sea de la mejor calidad y ni tan siquiera te den la opción de escoger entre pan blanco y pan integral (algo que ya es bastante habitual en algunos países europeos, por cierto). Sobre el relleno, pide que te lo hagan de tortilla, atún, caballa, sardinas, boquerones, queso (ojo, solo si no es el típico queso de fundir), rodajas de tomate con aceitunas… Son ingredientes que suelen estar en cualquier bar y no deberían de ponerte ningún problema en preparártelos. Pregunta si te pueden añadir tomate en rodajas y así aprovechas para meter algo vegetal. También puedes pedir que te pongan una combinación de esos ingredientes en un plato, en lugar de en un bocadillo, junto con un par de rebanadas de pan, si no quieres comer tanto pan.

Fruta: Como he comentado más arriba, en la medida de lo posible descartaremos el zumo de fruta, y solo si es natural podríamos hacer una concesión en estos casos. Asegúrate de que no le ponen azúcar. También puedes preguntar si te pueden servir la naranja directamente u otra fruta que tengan disponible.

Yogur: No son pocos los establecimientos donde ofrecen yogur en su oferta de desayuno. Puede ser una buena opción, pero asegúrate de que es natural y no va endulzado o saborizado.

Según el lugar en el que se viva, es posible que la oferta incluya otro tipo de preparaciones. Si te has leído este libro de cabo a rabo, no te faltarán herramientas para aplicar siempre el buen juicio en tu selección (un ejemplo serían las raciones individuales de cereales azucarados que se pueden encontrar en algunos establecimientos: ¿los pedirías sabiendo lo que sabes ahora?). Recuerda que un pincho de tortilla de patata siempre será mejor opción que un donut o un cruasán.

Una mención especial merecen los «desayunos de cuchillo y tenedor», muy típicos en algunos lugares de España donde se ofrecen platos más elaborados de la gastronomía local: desde carnes con salsas, huevos rotos con lo que sea, croquetas, caracoles, albóndigas, butifarra con judía blanca… Obviamente, estos desayunos con fundamento, aunque deliciosos, deberían realizarse de forma muy ocasional tanto por el volumen y tipo de alimentos que se sirve, como por las preparaciones culinarias que utilizan.

■ EQUIPAMIENTO PARA LLEVARNOS EL DESAYUNO DE CASA

Hoy día disponemos de una gran variedad de artículos muy útiles para el transporte doméstico de alimentos. La cultura de la fiambrera permite ahorrarnos dinero y controlar mucho mejor qué estamos comiendo. En los últimos años, han estado apareciendo en el mercado nuevas ideas para transportar alimentos y bebidas relacionadas con el desayuno. Desde tazas térmicas de diseño a recipientes herméticos en los que puedes transportar el yogur y los cereales sin que entren en contacto, de forma que estos últimos estén crujientes cuando los vayas a consumir. A continuación, tienes algunos consejos en el caso de que estés interesado en adquirir este tipo de artículos:

Tazas térmicas: Lo de ir con la taza térmica por la calle o en el metro es muy típico de las culturas anglosajonas y cada vez lo vemos más en nuestras ciudades. Invertir en una buena taza térmica puede ser una idea interesante si tienes que cubrir un trayecto largo desde casa al trabajo o al lugar donde estudies. No es lo mismo un termo para comida que uno para bebidas, así que asegúrate de lo que estás comprando. Revisa bien el sistema de cierre y la boquilla por la que sale el líquido para no llevarte un susto cuando lo transportes o bebas. Puede ser interesante que tenga un cuello ancho y utilizarlo también para meter gachas, que te llegarán calentitas a la oficina.

Recipientes herméticos: Los más cómodos para transportar son los de plástico porque pesan menos que los de cristal. Si eliges recipientes de plástico, cómpralos en establecimientos de confianza y asegúrate de que son aptos para el transporte de alimentos, así como para meterlos en el microondas. Cuida bien las tapas porque a veces dejan de cerrar bien si los metes en el lavavajillas, ya que el calor los puede deformar. Existen recipientes de plástico diseñados para el desayuno con distintos compartimentos para poner el yogur y los cereales o la fruta, por ejemplo.

Reciclando envases: Si prefieres no gastar en (más) recipientes, puedes reciclar tarros de cristal de las conservas que consumas en casa para transportar fruta, yogur, cereales o gachas, por ejemplo. De nuevo, asegúrate de que quedan bien cerrados. Tampoco está de más meter el recipiente en una bolsa de plástico, por si acaso hubiese algún derrame.

Neveritas isotérmicas: Hay personas que utilizan neveras isotérmicas de pequeño tamaño para llevar su comida al trabajo. Si eres de estos, puedes aprovecharla para meter también el desayuno.

SIEMPRE ES POSIBLE HACER UN DESAYUNO MÁS O MENOS ADECUADO EN UN BAR, POR MUY LIMITADA QUE SEA LA OFERTA.

■ LA PLANIFICACIÓN Y ORGANIZACIÓN SON LA CLAVE

La planificación y organización en la cocina son fundamentales para ahorrarnos tiempo. Además, nos facilita seguir una alimentación saludable porque saber qué vamos a comer y tenerlo preparado con antelación reduce las oportunidades de que caigamos en tentaciones poco saludables.

Planificar el desayuno forma también parte de esta estrategia. En el libro tienes multitud de recetas que puedes dejar preparadas con antelación y disfrutar incluso las mañanas que tienes menos tiempo.

Aquí te dejo algunas ideas para que puedas organizarte un buen desayuno para llevar:

- Congela fruta troceada para preparar batidos o añadirlas como *toppings* en la granola o las gachas, por ejemplo.
- Déjate preparada la noche anterior huevos cocidos, avena en remojo, macedonia de fruta, hortalizas cortadas, hummus.
- Hornea el fin de semana unas muffins, pan o bizcochos que puedas congelar en porciones

individuales y meter en el horno unos minutos por la mañana mientras te aseas. Aprovecha que ya tienes el horno encendido para hacer un poco de granola.

- Para quienes les gusta el yogur, ya sea de origen animal o vegetal, tenerlo en la nevera siempre disponible te da la oportunidad de preparar un desayuno rápido con un poco de fruta, frutos secos o cereales integrales sin azúcar.

- Recuerda que las sobras de la cena del día anterior pueden ser un desayuno rápido, fácil y nutritivo.

- Si te gusta desayunar en casa con la familia, puedes dejar la mesa preparada para el desayuno la noche antes: boles, tazas, fuente con fruta, cereales, granola, frutos secos...

- Puedes tener en el trabajo, si es posible, un bote con frutos secos o fruta desecada para los días que, por cualquier circunstancia, no has podido desayunar en casa o prepararte el desayuno para llevar. Recuerda que, en estas situaciones, llevarse una pieza de fruta de casa es fácil y rápido.

¡A PRACTICAR!

Sándwiches de manzana, requesón y granola

Ya habrás visto que la combinación de queso y fruta es una de mis favoritas. Aquí te dejo una idea sana y original para meter en la fiambrera del trabajo o del colegio.

 INGREDIENTES:

1 PERSONA

1 manzana verde, lavada y cortada a rodajas (recuerda retirar el corazón y las pepitas)

2-3 cucharadas soperas de granola

1-2 cucharadas soperas de requesón

Canela al gusto (opcional)

....

 PREPARACIÓN:

- Disponer las rodajas de manzana en un plato y untarlas con el requesón.

- Añadir la granola a la mitad de ellas, espolvorear con un poco de canela y tapar con otra rodaja de manzana.

- Si las pones en un recipiente hermético, puedes fijarlas con unos palillos para que no se abran por el camino.

Táper vegetariano

Puedes hacer este táper tan variado y completo como quieras, además de dejarlo listo la noche anterior. Aprovecha la temporalidad de las hortalizas, prepara crackers con las semillas que más te gusten e incluye un puñado de frutos secos, huevo cocido o quesos con un contenido moderado o bajo en grasa.

 INGREDIENTES:

1 PERSONA

Hortalizas variadas para consumir en crudo (zanahoria, apio, calabacín, pepino, pimiento, rabanitos, tomates cherry…)

100 g de hummus (unas 4 cucharadas soperas colmadas)

Opcional: 1 huevo cocido, 1 triángulo de queso manchego, 2 cucharadas soperas de queso cottage o requesón, un puñado de semillas, frutos secos…

 PREPARACIÓN:

· Lavar, pelar y cortar las hortalizas según proceda.

· Disponerlas en un tarro o recipiente hermético y combinarlas con hummus, queso cottage, huevo cocido…, como más te apetezca.

· Conservar en la nevera si se prepara con antelación o van a pasar varias horas antes de consumirlo.

Falso cheesecake de cerezas

Este delicioso desayuno transportable hará la llegada al trabajo más llevadera. Es posible prepararlo en cualquier época del año cambiando las cerezas por fruta de la temporada correspondiente.

INGREDIENTES:

2 RACIONES

100 ml de bebida de almendras, sin endulzar

100 g de cerezas deshuesadas

3 cucharadas soperas de requesón (o ricota)

4 cucharadas soperas de copos de avena

½ cucharada de postre de esencia de vainilla (opcional)

½ limón rallado

PREPARACIÓN:

- En un bol, mezclar la bebida de almendras con el requesón, los copos de avena, la esencia de vainilla y la ralladura de limón.

- Deshuesar las cerezas, echarles un chorrito de limón y ponerlas en un recipiente tapado.

- Dejar reposar toda la noche en la nevera.

- Al día siguiente, en un recipiente que se pueda tapar herméticamente, montar capas de falso *cheesecake* y cerezas.

- Cerrar bien, y quedará listo para llevar al trabajo.

Breakfast burrito

Sin un origen claro, se cree que el breakfast burrito, o burrito de desayuno, se sirvió por primera vez en Nuevo México en la década de 1970. Sea cual sea su historia, es una propuesta deliciosa y práctica para llevar. El relleno puede variar, además de guardarse en la nevera y montar el burrito en un momento por la mañana.

 **INGREDIENTES:**

2 BURRITOS

2 tortillas de maíz

2 huevos

2 cucharadas soperas de maíz dulce

2 cucharadas soperas de alubias rojas

1 rodaja de pimiento rojo picada

Un puñado de lechuga en juliana

½ aguacate maduro

Un par de ramas de cilantro picado

Un chorrito de lima

Aceite de oliva virgen, sal, pimienta y copos de chile

 PREPARACIÓN:

- Hervir los huevos durante 12 minutos.

- Mientras tanto, mezclar todos los ingredientes del relleno en un bol. Añadir los huevos picados cuando estén listos y a temperatura ambiente.

- Condimentar con un poco de aceite de oliva, sal, pimienta y copos de chile al gusto.

- Preparar las tortillas siguiendo las instrucciones del fabricante (calentándola en una sartén o en el microondas, según se especifique).

- Distribuir el relleno en las tortillas, cerrarlas y envolverlas en papel de aluminio o film transparente si se van a transportar.

Mix de frutos secos a las finas hierbas

Tener un tarro de frutos secos en el trabajo es una estrategia muy buena para combatir los ataques de hambre y evitar lanzarnos a la máquina de vending. Las combinaciones de sabores son casi infinitas gracias a las especias y hierbas aromáticas.

INGREDIENTES:

10 RACIONES

300 g de frutos secos variados crudos

2 cucharadas soperas de aceite de oliva virgen extra

1 ½ cucharada de postre de tomillo seco

1 ½ cucharada de postre de orégano seco

1 ½ cucharada de postre de pimentón dulce

Sal y pimienta al gusto

PREPARACIÓN:

- Precalentar el horno a 150 ºC.

- En un bol pequeño, mezclar el tomillo, el orégano y el pimentón dulce. Reservar.

- En otro bol más grande mezclar los frutos secos con el aceite de oliva. Con la ayuda de una cuchara, asegurarse de que los frutos secos quedan bien impregnados de aceite.

- Poner los frutos secos en una bandeja de horno y hornearlos durante 10 minutos. Sacarlos, remover bien y añadir la mezcla de hierbas aromáticas y pimentón. Hornear otros 8 minutos y sacar del horno.

- Sazonar con sal y pimienta al gusto, y dejar enfriar porque no quedarán crujientes hasta que estén fríos. Guardar en un recipiente hermético.

Gachas de avena al estilo tarta de zanahoria

La tarta de zanahoria es una de las recetas de repostería con más adeptos.
Con esta receta reproducimos ese sabor a tarta de zanahoria que tanto fascina, además
de tener un desayuno listo para llevar.

INGREDIENTES:

1 RACIÓN

200 ml de bebida de soja

40 g de copos de avena

30 g de nueces picadas

½ zanahoria rallada

1 cucharada sopera de pasas

½ cucharada de postre de canela

1 cucharada de postre de miel (opcional)

½ cucharada de postre de esencia de vainilla (opcional)

PREPARACIÓN:

- Pon todos los ingredientes dentro de un tarro con tapa, agita bien y déjalo en la nevera hasta la mañana siguiente.

- Si tienes microondas en el trabajo, dales un golpe de calor para que estén tibias y las disfrutes aún más.

- Puedes añadir una cucharada de yogur griego y más frutos secos para un toque cremoso y crujiente.

Parfait crujiente de chocolate y plátano

El parfait *original* es un postre helado con gran cantidad de nata, la cual le da una untuosidad característica. Para la gastronomía norteamericana, se trata de un postre que combina nata y frutas y se sirve en capas. Esta es mi interpretación en un intento de ofrecer una alternativa saludable a ambos tipos de parfaits.

 **INGREDIENTES:**

1 RACIÓN

20 g de copos de avena

100 ml de leche (o cualquier tipo de bebida vegetal)

1 plátano maduro

2-3 cucharadas soperas de granola

1 cucharada de postre de cacao puro sin azúcar

1 cucharada de postre de virutas de cacao (opcional). (Las virutas de cacao las encontrarás en muchos establecimientos como nibs de cacao.)

 PREPARACIÓN:

· Dejar los copos de avena en remojo con la leche y el cacao en la nevera. Asegurarse de que se han removido bien para que el cacao se disuelva en el líquido.

· A la mañana siguiente, chafar el plátano y añadirle unos *nibs* de cacao.

· En un recipiente con tapa, ir montando capas alternando las gachas de avena y cacao con el plátano chafado y la granola.

· Terminar añadiendo arriba más granola y *nibs* de cacao, y si ha sobrado algo de plátano, añadirlo también.

· Tapar bien y ya estará listo para llevarlo al trabajo.

GLOSARIO DE TÉRMINOS GASTRONÓMICOS EN HISPANOAMÉRICA

ACEITUNA	Oliva.
ADEREZO	Salsa, aliño.
AGUACATE	Avocado, cura, pagua, palta.
ALBAHACA	Alábega, alfábega, alfavaca, basílico, hierba del vaquero.
ALBARICOQUE	Damasco, chabacano.
ALCACHOFA	Alcaucil, alcacil.
ALCAPARRA	Cápara, tápara.
ALMIDÓN	Chuño.
ALUBIA	Caraota, faba, fréjol, fríjol, judía, poroto.
ANACARDO	Cajú, castaña de cajú, caguil, merey, marañón.
ANCHOA	Anchova, boquerón.
APIO	Arracacha, esmirnio, panal.
ARROZ	Casulla, palay.
AVENA	Quaker.
AZAFRÁN	Zafrón.
AZÚCAR GLAS	Azúcar en polvo, azúcar flor, azúcar impalpable, azúcar pulverizada.
AZÚCAR INTEGRAL	Azúcar morena, azúcar negra, chancaca, azúcar mascabada, azúcar sin refinar, dulce de atado, dulce piloncillo, piloncillo, panela.
BEICON	Bacón, panceta, tocino.
BOCADILLO	Sándwich, refuerzo, pan, torta, sánduche, bala fría.
BONIATO	Batata, patata dulce, papa dulce, camote, chaco.
BRÓCOLI	Bróculi, brécol.
CACAHUETE	Cacahuate, cacahuey, maní.
CALABACÍN	Calabaza, calabacita, pipián, zapallo italiano, zapallito, zambo, zucchini.
CALABAZA	Auyama, ahuyame, zapallo.
CARNE DE VACUNO	Res.
CEBOLLINO	Cebollín.
CERDO	Chancho, lechón, marrano, puerco.
CEREZA	guinda, picota.
CHAMPIÑÓN	Seta, hongo, callampa.
CHILE PICANTE	Ají, ají picante, chile, pimentón.
CHOCOLATE	Cacao.
CILANTRO	Cilandro, coentro, coriandro, culantro, perifollo.
COL	Repollo.
ENCURTIDO	Achara.
FRESA	Frutilla, morango.
FRÍJOL	Caraota, poroto, habichuela.
GARBANZO	Chicharro.
GUINDILLA	Ají, ají picante, chile, chile picante, pimentón, pimiento picante.
GUISANTE	Arveja, chícharo, petit pois.
HARINA DE MAÍZ	Capi.
HOJALDRE	Milhojas.

HUEVO	Blanquín.
JAMÓN COCIDO	Jamón dulce, jamón York, jamón inglés.
JUDÍA	Alubia, caraota, faba, fréjol, fríjol, poroto.
JUDÍA VERDE	Bajoca, chaucha, ejote, habichuela, habichuela tierna, poroto verde, vaina, vainita, vainica, gandul, guandul.
KETCHUP	Catsup.
LEVADURA ROYAL	Leudante, polvos de hornear.
LIMÓN	Citrón.
MANDARINA	Tangerina, china.
MANTECA	Grasa.
MANTEQUILLA	Manteca.
MAZORCA DE MAÍZ	Choclo, chicha, mazorca, jojoto, elote, millo, piña de millo.
MELOCOTÓN	Durazno.
MENTA	Hierbabuena.
MOSTAZA	Jenabe, savora.
NARANJA	China.
NATA	Crema batida, chantilly.
NATA LÍQUIDA	Crema de leche.
NUEZ MOSCADA	Nuez coscada, macís.
PAN DE MOLDE	Pan lactal, pan lacteado.
PANCETA	Tocino, beicon, lardo.
PAPAYA	Lechosa, mamón, fruta bomba, mamón.
PATATA	Papa.
PAVO	Guajalote, chuchimpe, gallopavo, pirú, mulito.
PERA	Perejea.
PEPINA	Cohombro.
PICATOSTES	Crutones, cuscurros, trozos de pan frito o tostado.
PIMIENTA	Pebre.
PIMIENTO VERDE	Gualpe, poblano.
PIÑA	Ananá, abacaxi.
PLÁTANO	Banana, banano, guineo, cambur.
PISTACHO	Alfóncigo.
POMELO	Toronja.
REQUESÓN	Ricota, cuajada.
RICOTA	Ricotta, requesón, cuajada.
ROMERO	Rosmarino.
RÚCULA	Rúcola, arúgula, oruga.
SALSA	Aderezo, aliño.
SÉSAMO	Ajonjolí.
TARTA	Pastel, torta, queque, pudín, ponqué.
TOMATE	Jitomate.
TORTILLA (FRANCESA)	Omelette.
YUCA	Mandioca.
ZUMO	Jugo, fresco.

▮ BIBLIOGRAFÍA

ADOLPHUS, K.; BELLISSIMO, N.; LAWTON, C.; FORD, N.; RAINS, T.; TOTOSY DE ZEPETNEK, J.; DYE, L. (20017). «Methodological challenges in studies examining the effects of breakfast on cognitive performance and appetite in children and adolescents». *Advances in Nutrition*, 8(1):184S-196S.

AMERICAN ACADEMY OF PEDIATRICS, COMMITTEE ON NUTRITION. «The use and misuse of fruit juice in pediatrics». *Pediatrics*, Vol. 107, nº. 5, May 2001.

ARNDT ANDERSON, H. *Breakfast: a history (the meals series)*. AltaMira Press, 2013.

ASTIASARÁN, I.; MARTÍNEZ, A. *Alimentos. Composición y propiedades.* McGraw-Hill – Interamericana de España, Madrid, 1999.

BARR, S.; DI FRANCESCO, L.; FULGONI, V. (2014). «Breakfast consumption is positively associated with nutrient adequacy in canadian children and adolescents». *The British Journal of Nutrition*, 112(8):1373-1383.

BASULTO, J. *Calcio, leche y salud ósea no son sinónimos*. En: <https://juliobasulto.com/calcio-leche-y-salud-osea-no-son-sinonimos>. [Consulta: 13 de marzo de 2018]

BASULTO, J. *Se me hace bola: cuando no comen como queremos que coman*. Penguin Random House, 2013.

BASULTO, J.; CÁCERES, J. *Más vegetales, menos animales. Una alimentación más saludable y sostenible*. Penguin Random House, 2016.

BBC MUNDO. «Cómo el desayuno fuera de casa se está convirtiendo en un negocio». En: <https://www.bbc.com/mundo/noticias-37682651>. [Consulta: 23 de marzo de 2018]

BERNÁCER, R. «10 consejos para un desayuno sano». *Alimentarte, gastronomía y salud*, 6 de marzo de 2016. En: < http://alimentarte.net/10-consejos-desayuno-sano>. [Consulta: 10 de enero de 2018]

BERNÁCER, R. «Gachas de avena saladas – Savoury oatmeal porridge». *Alimentarte, gastronomía y salud*, 27 de enero de 2017. En: <http://alimentarte.net/gachas-de-avena-saladas>. [Consulta: 10 de enero de 2018]

BETTS, J.; CHOWDHURY, E.; GONZALEZ, J.; RICHARDSON, J.; TSINTZAS, K.; THOMPSON, D. (2016). «Is breakfast the most important meal of the day?» *Proceedings of the Nutrition Society*, 75(4), 464-474.

BOURRIE, B.; WILLING, B.; COTTER, P. (2016). «The microbiota and health promoting characteristics of the fermented beverage kefir». *Frontiers in Microbiology*, 7:647.

BROWN, A.; BOHAM BROWN, M.; ALLISON, D. (2013). «Belief beyond the evidence: using proposed effect of breakfast on obesity to show 2 practices that distort scientific evidence». *American Journal of Clinical Nutrition*, 98:1298-308.

BURGER, J.; KIRCHNER, B.; BRAMANTI, B.; HAAK, W.; THOMAS, M.G. (2007). «Absence of the lactase-persistence-associated allele in early neolithic europeans». Proceedings of the Academy of Sciences of the United States of America. 104(10):3736-3741.

CLEMENS, R.; DREWNOWSKI, A.; FERRUZZI, M.; TONER, C.; WELLAND, D. (2015). «Squeezing fact from fiction about 100% fruit juice». *Advances in Nutrition*, 6:236S-234S.

COUCH, G.W. «Effect of sourdough fermentation parameter on bread properties» (2016). *All Theses*. 2581.

CURRY, A. (2013). «The milk revolution». *Nature*, 500:20-22.

DALBY, A. *The breakfast book*. Reaktion Books, 2013.

DONIN, A.; NIGHTINGALE, C.; OWEN, C.; RUDNICKA, A.; PERKIN, M.; JEBB, S.; STEPHEN, A.; SATTAR, N.; COOK, D.; WHINCUP, P. (2014). «Regular breakfast consumption and type 2 diabetes risk markers in 9- to 10-year-old children in the child heart and health study in england (CHASE): a cross-sectional analysis». *PLoS Medicine*, 11(9).

EDEFONTI, V.; ROSATO, V.; PARPINEL, M.; NEBBIA, G.; FIORICA, L.; FOSSALI, E.; FERRARONI, M.; DECARLI, A.; AGOSTONI, C. (2014). «The effect of breakfast composition and energy contribution on cognitive and academic performance: a systematic review». *American Journal of Clinical Nutrition*, 100(2):626-56.

EUROPEAN FOOD SAFETY AGENCY. «Annual report of the emerging risks exchange network 2015». 13 de julio de 2016. En: <https://efsa.onlinelibrary.wiley.com/doi/pdf/10.2903/sp.efsa.2016.EN-1067>. [Consulta: 24 de febrero de 2018]

FALLAIZE, R.; WILSON, L.; GRAY, J.; MORGAN, L.; GRIFFIN, B. (2013). «Variation in the effects of three different breakfast meals on subjective satiety and subsequent intake of energy at lunch and evening meal». *European Journal of Nutrition*, 52(4):1353-1359.

FISBERG, M.; MACHADO, R. (2015). «History of yogurt and current patterns of consumption». *Nutrition Reviews*, 73. Suppl 1:4-7.

GARAULET, M.; GÓMEZ-ABELLÁN, P. (2014). «Timing of food intake and obesity: a novel association. *Physiolgy & Behaviour*. 134:44-50.

HÄGELE, F.; BÜSING, F.; NAS, A.; ASCHOFF, J.; GNÄDINGER, L.; SCHWEIGGERT, R.; CARLE, R.; BOSY-WESTPHAL, A. (2018). «High orange juice consumption with or in-between three meals a day differently affects energy balance in healthy subjects». *Nutrition and Diabetes*, 8:19.

HEINE, R.; ALREFAEE, F.; BACHINA, P.; LEON, J.; GENG, L.; GONG, S.; MADRAZO, J.; NGAMPHAIBOON, J.; ONG, C.; ROGACION, J. (2017). «Lactose intolerance and gastrointestinal cow's milk allergy in infants and children. Common misconceptions revisited». *World Allergy Organization Journal*, 10(1):41.

HEYMAN, M.; ABRAMS, S. «Section on gastroenterology, hepatology, and nutrition committee on nutrition. Fruit juice in infants, children, and adolescents: current recommendations». *Pediatrics*, 2017;139.

HOYLAND, A.; DYE, L.; LAWTON, C. (2009). «A systematic review of the effect of breakfast on the cognitive performance of children and adolescents». *Nutrition Research Reviews*, 22(2):220-243.

IMAMURA, F.; O'CONNOR, L.; YE, Z.; MURSU, J.; HAYASHINO, Y.; BHUPATHI-RAJU, S.; FOROUHI, N. (2016). «Consumption of sugar sweetened beverages, artificially sweetened beverages and fruit juice, and incidence of type 2 diabetes: systematic review, meta-analysis and estimation of population attributable fraction». *British Journal of Sports Medicine*, 50:496-504.

INFO HORECA. «El desayuno fuera de casa, uno de los momentos de consumo que más crece». 16 de octubre de 2017. En: <https://www.infohoreca.com/noticias/20171016/se-recuperan-los-desayunos-fuera-de-casa-npd-group#.W-615i22BTZ>. [Consulta: 23 de marzo de 2018]

FLANDRIN, J.L.; MONTANARI, M. *Historia de la alimentación*. Ediciones Trea, 2ª edición.

KARATZI, K.; MOSCHONIS, G.; CHOUPI, E.; MANIOS, Y. (2017) «Late-night overeating is associated with smaller breakfast, breakfast skipping, and obesity in children: The Healthy Growth Study». *Nutrition*, 33:141-144.

LASKOW, S. «The man who first juiced». *The Atlantic*, 20 de noviembre de 2014. En: <https://www.theatlantic.com/health/archive/2014/11/the-man-who-first-juiced/382586/>. [Consulta: 24 de febrero de 2018]

LEIDY, H.; HOERTEL, H.; DOUGLAS, S.; HIGGINS, K.; SHAFER, R. (2015). «A high-protein breakfast prevents body fat gain, through reductions in daily intake and hunger in "breakfast skipping" adolescents». *Obesity*, 23(9):1761-4.

LEIDY, H.; ORTINAU, L.; DOUGLAS, S.; HOERTEL, H. (2013). «Beneficial effects of a higher-protein breakfast on the appetitive, hormonal and neural signals controlling energy intake regulation in overweight/obese, "breakfast-skipping", late-adolescent girls». *The American Journal of Clinical Nutrition*, 97(4):677-688.

LEONARDI, M. (2013). «Lactase persistence and milk consumption in Europe: an interdisciplinary approach involving genetics and archaeology». *Documenta Praehistorica*, 40. 84-96.

LIPPI, M.; FOGGI, B.; ARANGUREN, B.; RONCHITELLI, A.; REVEDIN, A. (2015). «Multistep food plant processing at Grotta Paglicci (Southern Italy) around 32,600 cal B.P.». Proceedings of the National Academy of Sciences of the United States of America. 112(39):12075-12080.

LORDAN, R.; TSOUPRAS, A.; MITRA, B.; ZABETAKIS, I. (2018). «Dairy fats and cardiovascular disease: do we really need to be concerned?». *Foods*, 7(3):29.

MANERA, M. «Cómo equilibrar los menús de cada día». *Tu Bebé*. En <https://www.mundotubebe.com/salud/salud-bebe/como-equilibrar-menus-cada-dia_1192> [Consulta: 15 de marzo de 2018]

MARTÍNEZ, L. *Vegetarianos con ciencia*. Editorial Arcopress, 2016.

MAYO CLINIC. «Cancer risk: What the numbers mean». En: <https://www.mayoclinic.org/diseases-conditions/cancer/in-depth/cancer/art-20044092?pg=1>. [Consulta: 17 de febrero de 2018]

MCGEE, H. «La cocina y los alimentos». *Enciclopedia de la ciencia y la cultura de la comida*. Editorial Debate, 2007.

MINISTERIO DE AGRICULTURA Y PESCA, ALIMENTACIÓN Y MEDIO AMBIENTE. «Informe del consumo de alimentación en España 2016». En: <http://www.mapama.gob.es/es/alimentacion/temas/consumo-y-comercializacion-y-distribucion-alimentaria/panel-de-consumo-alimentario/ultimos-datos/>. [Consulta: 20 de enero de 2018]

MINISTERIO DE MEDIO AMBIENTE Y MEDIO RURAL Y MARINO. «¿Qué desayunan los españoles?». En: <http://www.mapama.gob.es/es/alimentacion/temas/consumo-y-comercializacion-y-distribucion-alimentaria/desayuno_espanoles_tcm30-89476.pdf>. [Consulta: 20 de enero de 2018]

NIELSEN. «38% de los colombianos come fuera de su hogar una o más veces a la semana». En: <https://www.nielsen.com/co/es/press-room/2017/38-por-ciento-de-los-colombianos-come-fuera-de-su-hogar-una-o-mas-veces-a-la-semana.html>. [Consulta: 23 de marzo de 2018]

O'NEIL, C.; BYRD-BREDBENNER, C.; HAYES, D.; JANA, L.; KLINGER, S.; STEPHENSON-MARTIN, S. (2014). «The role of breakfast in health: definition and criteria for a quality breakfast». *Journal of the Academy of Nutrition and Dietetics*, 114(12):S8-S26.

PADDON-JONES, D.; WESTMAN, E.; MATTES, R.; WOLFE, R.; ASTRUP, A.; WESTERTERP-PLANTENGA, M. (2008). *The American Journal of Clinical Nutrition*, 87(5):1558S-1561S.

PATEL, A.; MOGHADAM, S.; FREEDMAN, M.; HAZARI, A.; FANG, M.L.; ALLEN, I. (2018). «The association of flavored milk consumption with milk and energy intake and obesity: a systematic review». *Preventive Medicine*, 111:151-162.

PIMPIN, L.; WU, J.; HASKELBERG, H.; DEL GOBBO, L.; MOZAFFARIAN, D. (2016). «Is butter back? A systematic review and meta-analysis of butter consumption and risk of cardiovascular disease, diabetes and total mortality». *Schooling CM*, ed. PLoS ONE, 11(6):e0158118.

POLLAN, M. *Cooked. A natural history of transformation*. The Penguin Press, New York, 2013.

RUIZ MORENO, E.; VALERO GASPAR, T.; RODRÍGUEZ ALONSO, P.; DÍAZ RONCERO, Ana; GÓMEZ CARÚS, A.; ÁVILA TORRES, J.M.; VARELA MOREIRAS, G. «Estado de situación sobre el desayuno en España». Fundación Española de la Nutrición (FEN). Febrero de 2018. En: <http://www.fen.org.es/index.php/actividades/publicacion/estado-de-situacion-sobre-el-desayuno-en-España>. [Consulta: 16 de febrero de 2018]

SANCHEZ, A. *Mi dieta cojea. Los mitos sobre nutrición que te han hecho creer*. Planeta, Barcelona, 2016.

SETHI, S.; TYAGI, S.; ANURAG, R. (2016). «Plant-based milk alternatives an emerging segment of functional beverages: a review». *Journal of Food Science and Technology*, 53(9):3408-3423.

SPENCER, C. (2017). «Breakfast: the most important meal of the day?». *International Journal of Gastronomy and Food Science*, 8:1-6.

STAMATAKI, N.; YANNI, A.; KARATHANOS, V. (2017). «Bread making technology influences postprandial glucose response: a review of the clinical evidence». *British Journal of Nutrition*, 117(7):1001-1012.

ST-ONGE, M.P.; BASKIN, M.; CHIUVE, S.; JOHNSON, H.; KRIS-ETHERTON, P.; VARADY, K. (2017). «Meal timing and frequency: implication for cardiovascular disease prevention». A Scientific Statement From the American Heart Association. *Circulation*, 135:e96-e121.

TIMLIN, M.; PEREIRA, M. (2008). «Breakfast frequency and quality in the etiology of adult obesity and chronic diseases». *Nutrition Reviews*, 65(6 Pt 1):268-81.

UZHOVA, I.; FUSTER, V.; FERNÁNDEZ-ORTIZ, A.; ORDOVÁS, J.M.; SANZ, J.; FERNÁNDEZ-FRIERA, L.; LÓPEZ-MELGAR, B.; MENDIGUREN, J.M.; IBÁÑEZ, B.; BUENO, H.; PEÑALVO, J.L. (2017). «The importance of breakfast in atherosclerosis disease. Insights from the PESA study». *Journal of the American College of Cardiology*, 70(15):1833-1842.

VARIOS AUTORES. *Larousse gastronomique en español*. Editorial Larousse, Barcelona, 2011.

WEHRENS, S.; CHRISTOU, S.; ISHERWOOD, C.; MIDDLETON, B.; GIBBS, M.; ARCHER, S.; SKENE, D.; JOHNSTON, J. (2017). «Meal timing regulates the human circadian system». *Current Biology*, 19; 27(12):1768-1775.e.3.

YARZA, I. *Pan casero. Recetas, técnica y trucos para hacer pan casero en casa de manera sencilla*. Editorial Larousse, Barcelona, 2013.